メタバースは死んだのか？

3Dイノベーションストラテジスト
今井翔太

元エピック今井が明かす
「稼ぎ方」と「現在地」

徳間書店

はじめに

2021年、フェイスブック（Facebook）が、社名をメタ（Meta Platforms）に変更した。その社名変更はメタバース事業に注力する決意のあらわれだった。世界屈指のビッグテックが大きな事業転換を表明したわけだ。

それを機に、メタバースブームとも呼ぶべきものが世界を席巻《せっけん》した。メタバースがインターネットの次なるキラーサービスになると目され、投資家から巨額を集めたにわかテック系を中心とした企業がそこに続々と参戦。メディアでも盛んにメタバースの話題が取り上げられた。メタバースについての解説本もたくさん出た。

しかし、いまはどうだろう？　メタバースの動向について注視している人はどれだけいるだろうか？　いまやインターネットサービスの主役は生成ＡＩにすっかり取って代わられた感がある。

メタバースはどこに行ったのだろうか？　メタバースは死んだのだろうか？　いや、そうではない。メタバースは一時のブーム過熱が過ぎたあと、その本質に帰っていっただけだ。

ようするに当時、メタバースは誤解されていたのである。多くの人はメタバースの実態を把握できておらず、メタバースという言葉だけが独り歩きしてしまった。そしてそのまま今日に至っているわけだ。

だから僕は、いまの「メタバース」という言葉の使われ方があまり好きではない。メタバースと聞いて多くの人が想像するのは、ゴーグル型のヘッドマウントディスプレイを装着し仮想空間を体験することだろうか。あるいは、自分のアバター（分身）を操作してチャットでほかのユーザーと会話をする３Ｄ空間だろうか。

これまで出ているメタバース関連の書籍には、そういったデジタル空間の事柄が多く書かれている。Ｗｅｂ３やＮＦＴ（Non-Fungible Token：非代替性トークン）など、一般的に理解されているとは言い難いあたらしいテクノロジーをかけ合わせた話題もたくさん登場する。

だからメタバースはなんとなく、革新的な技術の集合体なのだと思われているふしがある。

僕の考えは違う。

僕が考えるメタバースの本質は「心が通じ合う空間」だ。他者と心が通じ合いさえすれば、VR（仮想現実）もNFTもアバターもいらない。

メタバースについて解説しようとすると、往々にしてカタカナの専門用語が飛び交う。だからそこに血の通っていない冷たさを感じる人もいるだろう。しかし、僕が考えるメタバースはそうではない。むしろとても温かいものだ。

僕に言わせれば、いまのメタバースという言葉は単なるバズワードだ。メタバースの本質を理解せず、安易にそのバズワードに飛びつき、一儲けできると錯覚している人々が少なくない。そんな状況が僕は残念でならない。

だからここで少し立ち止まっていまいちど考えてみたい。メタバースはどのように社会に浸透しつつあるのか。そして私たちは今後メタバースとどう関わっていくべきなのか。それが本書の目的である。

若い世代にとって、メタバースで過ごすことはすでに日常の一部だ。スマートフォンやタブレットやパソコンなどのデバイスを自分の身体の一部のように扱い、デジタル空間と現実空間を自在に行き来する。彼らにとって、その2つの空間に境目はない。彼らがメタバースというデジタル空間に価値を見出しているのは、現実の社会よりも人とつながるのが容易だからだ。人と心を通わせるのが容易だからだ。

メタバースとはただの技術の集合体ではない。その技術はあくまで人とつながるための手段にすぎない。メタバースで起きていることは、人間の深層心理のあらわれである。

繰り返すが、メタバースの本質は「心が通じ合う空間」だ。**無機質に思われがちな**

デジタル空間だが、そこに存在しているのは、あくまで血の通った人間の営みである。コミュニケーションの場が、現実空間からデジタル空間に移っただけの話だ。

むしろメタバース内だからこそ「役に立ちたい」「社会の一部でありたい」といった人間の根源的な欲求がいっそう浮かび上がってくるとも言える。

ここで自己紹介がてら、少しだけ僕の話をさせてほしい。僕は2014年から2023年までの約10年間、エピックゲームズ（Epic Games）という会社に在籍していた。

エピックゲームズはアメリカに本社を置く、ゲーム開発およびソフトウェア開発の企業だ。1991年にティム・スウィーニー氏によって設立され、世界有数の人気オンラインゲーム「フォートナイト（Fortnite）」（総ユーザー数5億人以上、月間アクティブユーザー数7000万人以上）を生み出した。

また、メタバースのプラットフォームを語るうえで最も重要なゲームエンジン（ゲーム開発に必要な基本機能を統合したソフトウェア）のひとつである「アンリアルエンジン（Unreal Engine）」の開発も行っている。

僕は、エピックゲームズ在籍中にアンリアルエンジンの技術の魅力を伝えるエバンジェリストとして活動し、フォートナイトの日本市場での立ち上げとコミュニティマーケティングに携わってきた。フォートナイトユーザーにとっては、「今井翔太」ではなく「エピック今井」と言ったほうが、馴染《なじ》みがあるかもしれない。

そんなゲームを中心とするメタバース業界に長くいた僕から見れば、いまの若い世代は、メタバースで親の知らない世界を生きている。

これは、かつての若者たちがネット掲示板や動画配信サービスで独自の文化やビジネスを築き上げていたのを大人が知らなかったのと同じようなものだ。

これまで若い世代をはじめとする個人がインターネット上で稼いできた方法のひとつがUGC（User Generated Content：ユーザー生成コンテンツ）である。UGCとは、インターネット上で消費者である一般ユーザーが自発的に作成するコンテンツのことだ。

たとえば、YouTube で配信される動画もUGCだ。ユーチューバーは、YouTube というプラットフォームで規定のチャンネル登録者数や再生数をクリアすることで広告収益の一部を得ている。ほかにもTikTokのショート動画、Podcastの音声ラジオ、noteの文章コンテンツなど、誰もがUGCクリエイターとして活躍し、インセンティブを得られる場所は年々増えている。

ところが、いままでのゲーム業界（メタバース）では、このUGCがそれほど盛り上がっていなかった。

その理由は、ゲーム開発の難易度が高かったからだ。ただでさえ3D空間であるうえに、テキスト、音声、画像、映像などの技術を網羅しなければならない。

高度な知識と技術、さらに開発現場での経験がなければ、まともなゲームは作れない時代が続いていた。だからゲーム開発と言えば、まだまだ大手メーカーの領域だった。

でももし、すでに用意されたパーツを組み合わせるだけで簡単にゲームを作れる仕組みがあればどうだろうか。個人動画クリエイターが無料ソフトで編集した動画をYouTubeで公開するように、自作のゲームを公開する個人ゲームクリエイターが出てくるのが自然である。

そしてまさにいま、それが実現しつつあるのだ。個人クリエイターがゲームを作り、収益を得られるメタバースプラットフォームが出現しはじめた。「ロブロックス（Roblox）」や「マインクラフト（Minecraft）」、そして僕が携わっていたフォートナイトなどのオンラインゲームがそれだ。

それらのオンラインゲームは、ゲームプラットフォーマーが提供するゲームをただ遊ぶだけの空間ではなくなってきている。ユーザーみずからがゲーム内のキャラクターやアイテムを自由にアレンジしてオリジナルゲームを作り、時には販売することもできるのだ。

ゲーム内の既存のパーツを組み合わせるだけだから、誰でもゲームを作れてしまう。となると重要なのは、発想力と創造力である。今後、ゲーム業界の常識を超えるようなゲームが次々と誕生するに違いない。

実際、まだ多くはないが、これらのオンラインプラットフォームを通じて個人で大金を稼ぐ若者も現れはじめた。彼らはゲームを作るだけでなく、SNSで広告をかけ、インフルエンサーを起用して拡散し、プレイヤーの統計データを読み取ってマーケティングをし、一人で作れないところは人を雇う。そんな大人顔負けの商売をしているのだ。

その具体的な手法は第3章で述べるが、ユーチューバーの登場でYouTubeが世界的な一大産業となったように、ゲームを発端としたメタバース業界にも同じような現象が起きつつある。そんないまだからこそ、正しいメタバースの本質を知っておいて損はないだろう。

本書を読み終えたとき、あなたはきっとメタバースの本質と使い道を、ほんとうの意味で知ることになる。

目次

Chapter 2 暮らしに溶け込むメタバース

Chapter 3

メタバースの稼ぎ方・歩き方

Chapter 4 盟主・エピックゲームズの光と影

Chapter 5 「コミュニティ」を制するものは世界を制す

Chapter 1

メタバースって結局なに？

メタバースは世界を変えるのか

「はじめに」でも述べたように、僕は「メタバース」という言葉が安易に使い回されている現状を疑問視している。多くの人はこのバズワードをVR（仮想現実）ヘッドセットや3D空間といった技術的な側面のみで捉えがちだ。

でも繰り返すが、僕が考えるメタバースの本質は「人と人の心が通じ合う空間」だ。**重要なのは技術そのものではなく、コミュニケーションを取り合うことで生まれる人と人のつながりなのである。**

僕は約10年間、世界的人気ゲーム「フォートナイト（Fortnite）」を運営する米ゲーム開発大手・エピックゲームズ（Epic Games）に在籍。メタバースの本命のひとつと注目されるフォートナイトの日本展開、そのコミュニティ管理を担当してきた。

メタバースの黎明期《れいめいき》から関わってきた者として、メタバースの全体像をいまいちど簡単に説明しておきたい。

メタバースとはインターネット上に存在する仮想空間を指す。ユーザーはそこにアバターと呼ばれる仮想の分身を送り込み、ほかのユーザーといろんなかたちで交流することができる。

いわば、X（旧ツイッター）が3次元化し、テキスト発信以外にもさまざまな活動ができる空間、ということになるだろうか。音声でコミュニケーションを取りながら一緒にゲームを楽しむ。あるいはみずからコンテンツ（ゲームなど）を作ってほかのユーザーに遊んでもらう。そういう空間だ。

最近では、そんな3Dゲーム空間にVRやブロックチェーン（分散型台帳）と呼ばれるあたらしい技術が融合することで、現実と仮想がさらにシームレスにつながった世界が実現しつつある。

VRヘッドセットを装着すれば、強烈なリアリティをともなう仮想空間に没入できる。それはまさに現実とは別の〝もうひとつの世界〟にほかならない。

２０２１年には、巨大テック企業のフェイスブック（Facebook）が、メタバース事業に注力することを表明し、社名をメタ（Meta Platforms）に変更し、巨額の投資を行った。そこから堰を切ったように投資家がメタバースに関係する大小様々な新規事業者を支援した。その結果、多くのテック企業がメタバース事業に参入し、ＶＲゲームのみならず、仮想空間を用いた各種イベント（音楽フェスなど）、ショールーム、通信販売、教育事業が広く展開されるようになった。

ユーザーにとってそれは家にいながら街に繰り出すようなものだ。くわえてＮＦＴ（Non-Fungible Token：非代替性トークン）や仮想通貨といったデジタル資産を用いた物品やサービスの売買もできる。仮想空間内の土地や建物の不動産売買、デジタルアートのオークションも普及しつつある。現実の経済と連動したあたらしい市場が形成されているのである。

メタバースはオンライン上の仮想空間だ。だから国境を越えて、いつでも誰でも入ることができる。となると、民族、言語、文化に関係なく、共通の興味や目的を持つ人々であらたなコミュニティが作られていく。

つまりメタバースはゲームにかぎらず、ビジネス、教育、そのほかさまざまな社会活動に空前の変革をもたらす可能性があるわけだ。私たちのあらたな生活空間を切り開く決定的なテクノロジーだと言える。

VRやNFTはおまけ

前述のメタ社のニュースが大きく扱われたこともあり、いまやメタバースという言葉自体は広く認知されるようになった。むしろ世間にすっかり浸透したことで、バズワードとしてのピークは過ぎた感がある。

しかしそれでも依然として特定のサービスや商品の売り文句に、「メタバース」という言葉が過剰に押し出されているのを目にする。**メタバースのブームに便乗して一儲**

けしたい人々が、無理やり持ち上げているのである。

メタバースに関連する技術の代表格は、VRとNFTだろう。

VRでは、専用のヘッドセットやコントローラーを使い、視覚、聴覚、さらには触覚までも刺激され、「実際に仮想空間内にいるかのような感覚」を体感できる。でも勘違いしている人が多いようだが、VRデバイスがなければメタバースは成立しないのかと言えば、そんなことはない。

NFTも同じだ。NFTは、ブロックチェーン技術を基盤に作成されたデジタルデータのこと。コピーが容易なデジタルデータに一意性を持たせ、所有権を証明する。ようはシリアルナンバーを埋め込むようなものだ。しかし現状は、メタバース内にあるアイテムに希少性を持たせるための装置にすぎない。VRと同様に、メタバースに不可欠というわけではない。率直に言えば、いまのNFTは一点ものの希少品を持つことで周りにマウントを取りたい人のためのものだろう。

もちろん僕はVRやNFTといった技術を否定するつもりはない。**でもVRやNF**

T関連のビジネスで利益を上げたい人たちがメタバースという言葉を濫用した結果、それらがメタバースに必須であるかのような印象になってしまった。それはメタバースの本質ではない。大きな誤解を招いているのである。

人が集まる場所に商機を求めて企業が群がるのは、オンラインサービスではよくあることだ。実際、XもInstagramも、企業がインフルエンサーを使って仕掛けるPR案件であふれている。それは、XやInstagram上の魅力あるコンテンツや情報に、多くのユーザーが集まったことの副産物でしかない。

メタバースにおけるVRやNFTも同じなのだ。メタバースという魅力ある場所にユーザーが集まり、そのユーザーたちからVRやNFTを通してお金を取りたい企業が群がっている。

そのこと自体が悪いわけではない。むしろそれは自然な流れだろう。そうやってVRやNFTの技術がいっそう進化していくのは大歓迎だ。さらに言えば、メタバースにお金が集まることは、ゲーム業界界隈で活動する僕にとってとてもありがたい。

ただしビジネスが優先されるあまり、メタバースの本質が置き去りにされるようだと本末転倒だ。僕はその点を危惧している。

肝《きも》は安全なコミュニケーション機能

オンライン空間で人と人が自由にコミュニケーションできる。それこそがメタバースの真価である。

現実と違う世界に没入できて、その世界に不特定多数が参加できるコミュニケーション機能があるのなら、それはメタバースと言っていい。

本書のなかで僕が例に出すメタバースは、ゲーム内のオンライン空間を指すことが多い。これは、あくまでエピックゲームズで長く働いていた体験がベースになっているからだ。なにもメタバースはゲーム内だけにあるのではない。

メタバースの肝はコミュニケーション機能だ。だから、LINE の公開チャットもライブ配信アプリのコメント欄も、ある意味でメタバースにかぎりなく近い。

メタバースは、近年になって流通しはじめた概念である。誰もが手探りでメタバースの実態を捉えようとしているのが実情だ。よって僕の定義は違うという声もあると思う。

しかしメタバース業界をその黎明期からわたり歩いてきた僕の実感として、メタバースの本質は、「人と人の心が通じ合う空間」「コミュニケーション機能のある空間」と見なすのが最適な解釈なのだ。

メタバースのメリット

メタバースの特性をさらに理解してもらうために、ここからはそのコミュニケーション機能について踏み込んで解説したい。と言っても小難しい技術の話はしない。身近な事例を引き合いに出していこうと思う。そもそもメタバースはきわめて身近な存在だからだ。

①メタバースは「心が満たされる空間」

メタバースは心が満たされる空間である。心が満たされるとはどういうことだろうか？

僕は実家に帰省して、家族から「おかえり」「久しぶり」と言われるとなんとなく安心する。ひとり暮らしをしたことのある人ならわかってもらえると思う。

そこには「自分がいてもいい場所だ」「いつでも戻ってきていい」という暗黙の了解がある。だから心が落ち着くのだ。

「人は一人では生きられない」とよく言うが、ネットが普及した現代では一人でも生きられなくはない。日々、部屋で黙々と仕事をこなし、食い扶持《くぶち》さえ稼げれば、面倒な人間関係とは無縁でいられるだろう。

でもその一方で、人は孤独やさびしさに弱い。誰かと会いたい。誰かと話したい。

そういう欲求をつねに宿しているのが人間という生き物である。

私たちの毎日は忙しくて単調だ。朝起きて会社に行き、晩まで働いて家路につく。基本、その繰り返しである。そのままだと心が渇ききってしまう。だから心が満たされる自分の居場所が必要だ。

それはどこだろうか? わかりやすい一例はスナックやバーだ。

通い慣れたスナックは、自分に合ったコミュニティが存在する空間だ。そこにはお店のママや見知った常連客がいる。ふらっと立ち寄れば、彼ら彼女らが歓迎してくれる。

店のドアを開ければ、「久しぶり!」「元気だった?」と声がかかる。すると、なんとも言えない安らぎがこみ上げてくるはずだ。

スナックでは格別にいいお酒が飲めるわけではない。出される食べ物もしれている。ピーナッツやスナック菓子などの乾き物。あとはせいぜい小さなフライパンや電子レンジで調理できるような簡単なつまみだ。だから人がスナックに通う理由は飲食そのものではない。飲食目当てで通っているわけではない。

ではなんのために通うのか。それはお店のコミュニティにおいて自分の役割を担えるからだ。ママに説教されるという役割、酔い潰《つぶ》れたママに代わってみんなにお酒を振る舞うという役割、はたまた一見さんの話し相手になるという役割かもしれない。スナックでは、客も役割を持つのである。

人は役割が与えられると心が満たされるものだ。どんな小さなコミュニティでもいい。もちろんお金のやり取りがなくてもいい。

とにかく役割が与えられ、そのコミュニティの一員だと実感できれば、誰かの役に立っている気になれる。社会性の生き物である人間は、それによって充足感や自分の存在意義を感じられるのだ。

このスナックと同じことが、メタバースでも繰り広げられる。

たとえば、以前によく遊んでいたオンラインゲームのコミュニティにふと戻ったとき。そこに見知ったゲーム仲間がいれば「ただいま」と言いたくなる。相手も「久しぶり」と言って迎え入れてくれる。

特にメタバース上では、無数に存在するコミュニティを自由に行き来していい、という共通認識がある。だから、コミュニティからなんらかの理由で離脱しても、そのコミュニティの人たちからネガティブに思われることはない。久しぶりにゲームにログインしても、しばらく不在にした理由を聞かれることもほとんどないだろう。

それはオンラインならではの希薄な人間関係と言えるのかもしれない。**しかし、その希薄さゆえにコミュニティに出入りしやすく、戻ったときにもこころよく迎え入れてもらえるのだ。**

スマートフォンで「イチナナ（17LIVE）」や「ポコチャ（Pococha）」などのライブ配信アプリを起動すると、見知ったライバーのところに行きたくなる人は多い。そしてライバーから「久しぶり！　おぼえているよ！」と言われたら、また行きたくなってしまう。

通い慣れたスナックで温かく迎え入れられた喜びと同じである。

人間は、自分がいてもいいんだと思える、または、そう言ってもらえるコミュニティや空間を探し求める生き物だ。

メタバースはそういった人間の欲求を、現実世界よりも気軽に満たしてくれるのである。

②メタバースは「コミュニティを飛び回れる空間」

メタバースには「コミュニティを雑に扱ってもいい」という雰囲気がある（倫理的にはそれはダメなのだが）。

そのコミュニティ内でたとえ誰かに嫌われても実害はなく、気に入らなければそのコミュニティを容易に離れられる。それもメタバースの大きな特性のひとつだ。

現実世界ではみんな相手の顔色をうかがって暮らしている。嫌われたくないからだ。

学校やクラスで周りから嫌われてしまえば、その子は居場所を失ってしまう。かといって別の学校にそうそう移れるわけでもない。最悪の事態である。だからそうならないようにいつも周囲に気を配らなくてはならない。ただしその気配りがすぎると、時として大きなストレスを抱えるはめになる。学校というコミュニティで過ごすのはなかなか骨の折れる行為なのだ。

そうしたコミュニティの不自由さを被っているのは大人でも同じだ。大人の場合は自分の判断で、いまいるコミュニティから飛び出して別のコミュニティに移ることは可能だ。会社内で嫌われてしまって居たたまれなくなれば、転職という手はある。とはいえ、次の仕事に対する不安や生活のことを考えれば、そう簡単に決断できるものでもないだろう。

これがメタバースだと、コミュニティ内の人間関係に腐心する必要はまったくない。

メタバースには無数のコミュニティが存在するうえに、現実世界と切り離されている。だから、いまいるコミュニティから躊躇《ちゅうちょ》なく離れられるのだ。性格が合わない相手がいるなら、そのコミュニティとは縁を切って別のコミュニティに移ればいいだけだ。

そもそも、メタバースのコミュニティには義務というものがないに等しい。メタバースにいる人たちの大半は、ヒマだからそこにいる。なにか明確な目的があって能動的にいるわけではない。

子どもにとって学校というコミュニティに所属することはほとんど義務だ。理由もなく休むことは許されない。もちろん授業中に教室を離れるなんてもってのほかだ。勝手な真似をすれば周りから白い目で見られ、ますます息苦しい思いをするだろう。

大人も同じだ。会社というコミュニティに所属するのは楽なことではない。つねに結果を求められる。たとえ理不尽な目にあっても踏ん張るしかない。

しかしメタバースのコミュニティにおける人間関係はイージーだ。約束していたとしても「今日は行くのをやめるわ！」と気軽に言える。そんなことはお互い様なのだ。

それでももし「約束を破った」と迫られて気まずくなったら、別のコミュニティに移動してしまえば済む話である。**メタバースは義務感とは無縁のコミュニティだ。だから気軽に訪れ、気軽に去れるのである。**

③メタバースは「出会いの偶発性がある空間」

人は未知の誰かと出会い、あらたな交流が芽生えることをいつもどこかで期待している。偶然の出会いが、友情や恋愛やビジネスといったものに発展していくのを経験的に知っているからだ。

たとえば、フォートナイトを一人で遊んでいると突然、見知らぬほかのプレイヤーとランダムにチームが組まれることがある。そうして一緒に遊び、仲良くなり、そこからさらに交流が拡がっていく。それは刺激的な体験と言えるだろう。偶然の出会いがもたらす効用だ。メタバースならではの現象である。

かたや現実世界においてそのような出会いの偶発性はほとんどない。それがあるとすれば、さっきも引き合いに出したスナックやバーのような酒場にかぎられる。

僕には馴染《なじ》みのバーがある。ゲーム好きが集まるバーで、おもしろい人に出会えるのではないかといつも密かに期待して通っている。そして見知らぬ客と居合わせれば積極的に話しかける。お店のマスターも僕らの会話が弾むように手助けしてくれる。

そうした出会いがまた別のなにかをもたらしてくれる。時にはそれが思いもかけないかたちでビジネスにつながることだってある。


そのスナックやバーがお店として、つまりコミュニティとして活気づくかどうかは、出会いの場になりえているかどうかがカギだと思う。

新規客を受け入れないようなスナックは長続きしないだろう。出会いの偶発性がないからだ。そんなスナックに魅力はない。常連客もいずれ遠のいていくだろう。

つまり閉鎖的なコミュニティは衰退していく定めにある。かたや開放的なコミュニティは持続可能だ。出会いを求める人たちが今日も明日もやってくる。

コミュニティを維持し発展させていくためには、出会いの偶発性という要素が不可欠である。

フォートナイトがそうであるように、メタバースには不特定多数との偶然の出会いがある。

たとえば、Zoomでの対談形式のウェビナーにおいて、視聴者が発言できない設定だった場合、それはメタバースからほど遠い空間だ。視聴者はあくまで部外者にすぎず、偶発的な出会いが発生しないからだ。

でも視聴者が対談に参加できる設定だったら、そのウェビナーは偶発性を帯びる。限りなくメタバースに近い状態となる。

そういう意味では、誰もが自由に音声で発言できるXの「スペース（Space）」という場もメタバース的だ。視聴者のコメントにリアクションを返すライブ配信もメタバース的だ。

出会いの偶発性はメタバースの大きな特性のひとつなのだ。

④メタバースは「仲間意識を作りやすい空間」

誰かと仲良くなるのはなかなか難しいことだ。初対面の際には、名前、出身地、職業といった自己紹介が欠かせない。さらにプライベートな情報も共有しなければならない。趣味はなにか。どんな食べものが好きか。どこに住んでいるのか。どんな経歴を持っているのか。そんな話題をあれこれやり取りしながら共通項を見出していく。そこで話が弾んではじめて距離が縮まる。

現実世界で相手と仲良くなるにはそうした一定のプロセスを経なければならない。ある種の気遣いと忍耐強さが求められるのである。

しかしメタバースの場合なら、そんな面倒なプロセスはいらない。

たとえば、アバターを通じて出会った相手と一緒にゲームをプレイすることになれば、それでたちまち打ち解けられる。出会った瞬間から、そのゲーム空間を一緒に探索する、あるいは力を合わせて敵を倒すといったミッションが発生する。**ようするに**

すでに「共通の目的」や「共通の話題」があるのだ。だから円滑なコミュニケーションが取れるのである。

現実世界で求められるプロセスは不要。一緒にゲームのミッションをこなすだけだ。そしてミッションクリア後には、部活の仲間のような強い絆が得られる。

そうやって仲良くなった人たちとは、その後も良好な関係が続く。メタバースにおいてLINEのようにいつでも連絡を取れるようになるからだ。相手がオンライン状態なのかどうか。いまどんなゲームをプレイしているのか。そういったことも一目瞭然でわかる。

だから「いま△△をプレイしてるんでしょ？　調子どう？」といった具合に気軽にコミュニケーションを取れる。もしその相手がメタバース上で不在だったらXなどのSNSで呼びかければいい。するとすぐに仲間が集まり、一緒にゲームを楽しめるだろう。

メタバースの人間関係はコンビニエンスだ。簡単に仲良くなれるのである。

⑤メタバースは「学びに最適な空間」

外国語を独学で習得しようとする人たちの多くは、教材として本やYouTubeやPodcastを用いている。なかには、海外ドラマの字幕を習得したい言語に設定して鑑賞する人もいるようだ。

でもそういった学習法はさして有効だとは思えない。間接的に言語に接するだけだからだ。外国語を手っ取り早く習得するには、やはり外国人とじかに交流するのがベストだ。

面と向かって外国語で話しかけられると、それは「自分ごと」になる。相手がなにを伝えようとしているのか。自分はどんな反応を示せばいいのか。瞬時に理解しようと努めるだろう。おのずと教材とは比べ物にならない集中力を発揮する。それを日々繰り返せば、あっという間にその外国語をものにできる。

この「自分ごと化」もメタバースの大きな特性だ。いま「フォートナイト英会話」があらたな学習法として人気を集めている。フォートナイト英会話とは文字どおり、フォートナイトを利用したオンライン英会話レッスンで、受講者の大半は子どもたちだ。

そのレッスン内容はいたってシンプルである。フォートナイトにおいて講師と受講生が少人数のチームを組む。そしてボイスチャットを使って英語でやり取りしながらバトルロイヤルのゲームに挑む。それだけだ。

「Snag that shotgun!（ショットガンがあるから拾って！）」「Med up!（回復させて！）」といった具合だ。ゲームは楽しい。そしてみんなバトルに勝つために必死だ。となると、そこで交わされる英話はとうぜん熱を帯びる。

「Imai-san!（今井さん！）」「Hey, Jinjing!（ヘイ、ジンジン！）」（僕のゲーム内でのハンドル名）と名前を呼ばれると、「お、やらなきゃ」「応えなければ」という責任感が湧く。そして「ちゃんと聞かなきゃ」という意欲が増す。

相手から発せられる英語が自然と自分ごと化するというわけだ。だから実践的な英語力が身についていくのである。

さらに興味深いのは、この自分ごと化は、コンピューターが操るNPC（ノン・プレイヤー・キャラクター）との間でも成立するという点だ。

僕がフォートナイト英会話を体験した際、NPCにしきりと話しかけられる場面があった。「Hey, see that door with the red emergency sign? I need you to get it open.（赤い緊急サインのついたドアを開けて）」「Alright, you'll find a circuit breaker inside. Get it fixed and come back when you're done.（中に配電盤がある。修理して戻ってこい）」と指示される。

それをやらないと一緒にプレイしている仲間（人間）に迷惑がかかってしまう。だから僕はNPCの指示をがんばって自分ごととして聞くことになる。そうして楽しい時間を過ごせた。

人はそもそも自分に無関係な事柄には興味を抱かない。とうぜんそれに対する学習意欲も湧かない。すぐに頭から抜け落ちてしまう。

優秀な子は学びを自然と自分ごと化できるのだという。そんな子がいわゆる勉強ができる秀才として評価される。**でもメタバースなら勉強が不得意な子でも、自分ごと化しやすいのだ。**

メタバースは教育や学習と非常に相性がいい。メタバースを用いた教育分野は大きな可能性を秘めている。

⑥メタバースは「気軽に転生できる空間」

主人公がなんらかの理由で異世界に迷い込み、そこでさまざまな活躍を繰り広げる——。アニメやマンガにおいて「転生モノ」は根強い人気を誇る一大ジャンルだ。

転生モノが人気を得ている理由は明らかだ。いまとは違う人生に「転生」したい。少なからぬ人が心の奥底でそんな夢を抱いているからだ。

人生はなかなか思い通りにいかないものだ。「こんなはずじゃなかった」「あのときこうしていたら……」といった後悔は多かれ少なかれ誰しも持っているだろう。転生モノとは人生のやり直しを疑似体験できるコンテンツなのだ。

とはいえ、転生モノのアニメをいくら見たところで、実際に異世界に行けるわけではない。当たり前だ。**でもその当たり前が覆る空間がある。異世界転生は夢物語ではない。そう、メタバースだ。**

人はメタバースでいくらでも転生できる。メタバースではSNSのように匿名で活動できる。だから誰にも素性を知られることなく、あたらしい自分を生きることが可能なのだ。実際に多くの人がメタバースでまったく違う自分を楽しんで生きている。

SNSでの匿名アカウントは、誹謗中傷の元凶として時に問題視される。もちろん誹謗中傷は言語道断だ。しかしその一方、匿名だからこそ、気兼ねなく自由に自己表現できるというメリットがある。

メタバースで転生する際、そのメリットが存分に発揮できるのだ。ようするにいくらでも自分のキャラを変更できるのである。

ハイテンションなギャル。やり手のビジネスパーソン。ピンクの髪の毛で猫耳をつけた少女。どんなキャラにもなりきれる。そのなかで自分にいちばんしっくりくるキャラを絞り込んでいく。そしてまったくの別人となってメタバースをわたり歩く。もちろん複数のキャラを並行して使い分けてもいい。現実世界とは違うあらたな世界を、あらたな自分で生きる。まさに転生である。胸が躍る体験だ。

なかには人気者になるために、さまざまなキャラを演じて試行錯誤する人もいる。事実、人気ストリーマー（ゲームのプレイ動画の配信者）の上位層のなかには、何度か転生を繰り返し、現在のキャラにたどりついた人も少なくない。

人気ストリーマーになれば、視聴者から投げ銭をもらったり、企業からの案件が舞い込んだりして、それだけで十分な収入が得られる。**転生はそうした職業獲得の手段にもなるのである。**

いつでも誰でも気軽に転生できる空間。あたらしい自分を発見し、時に大きなブレイクスルーを実現できる空間。それがメタバースだ。

この第1章ではメタバースの特性について解説した。メタバースがその真価を発揮するのはコミュニケーションにおいてだ。

年齢、性別、人種を超えた、自由でカジュアルで壮大なコミュニケーションをはかれる空間がメタバースなのである。

Chapter 2

暮らしに溶け込むメタバース

子どもとメタバース

実際、いまメタバースは私たちの日常にどう溶け込んでいるのか。どんな変化をもたらしているのか。この第2章ではその現在地を点検する。

世代やライフステージによってメタバースの使われ方は違う。「子ども」「親」「社会人」に分けてその違いを具体的に見ていこう。メタバースの多彩な実態を理解してもらえると思う。

①放課後の遊び場

メタバースに最も馴染《なじ》みがあるのは「3Dゲームネイティブ」とも呼べる現代の子どもたちだ。

彼らにとってメタバースは日常の延長である。**学校が終わると道草せずに帰宅し、ゲーム（メタバース空間）のなかで友だちと集まる。そんな毎日を過ごす子はもう珍しく**

ない。

ネットやスマホが普及する以前、子どもたちの溜まり場は公園か友だちの家と決まっていた。あとはたまにコンビニや書店でマンガを立ち読みするくらいだろう。でもゲームネイティブの溜まり場はそこではない。メタバースが放課後の公園に取って代わりつつある。しかもそれは友だちとの会話が弾むような仕掛けに満ちた公園である。

メタバース内で友だちと遊んでいると、とあるイベント情報が流れてくる。おもしろそうだ。すぐに声をかけ合い、そのイベント会場に出向く。すると、さらに別のイベント情報が舞い込む。とうぜん「そっちも覗いてみよう」と移動する。

彼らは現実世界では味わえない放課後を満喫《まんきつ》している。一度その味を知ったら元には戻れない。**メタバース抜きで友だちと遊ぶなんてそれこそ非現実的なのだ。**

ゲームネイティブにとってのメタバース。それは大人たちがカフェを訪れるようなものだ。LINEで「今日ひま?」「カフェに行こうよ」「ついでに買い物に付き合ってよ」とやり取りする感覚に近いのである。

言うまでもなく、大人たちはドリンクを飲むためにカフェで落ち合うわけではない。そのカフェ空間でおしゃべりを楽しみたいのだ。買い物にしろ、ただの買い物というわけではない。街を歩き、店を覗きながら、会話を楽しむための買い物である。

ゲームネイティブがメタバースに集まるのはそれと一緒だ。ゲームが主目的ではない。いろんなことを楽しみ、一緒に刺激的な時間を過ごす。それが醍醐味《だいごみ》なのだ。メタバースはまさに新時代の放課後である。

②スマホ代わりのフォートナイト

子どもたちの日常空間になりつつあるメタバース。人気のプラットフォームはいくつもあるが、その筆頭は「フォートナイト(Fortnite)」だ。

現在、フォートナイトのアカウント数は全世界で5億人以上。そのうち13歳以下が大きな割合を占める。

日本の子どものユーザー数は発表されていないが、それでも相当数いることは想像にかたくない。

日本でフォートナイトが圧倒的人気を得ている理由は、とうぜんながらそのゲームとしてのクオリティの高さにある。でもそれだけではない。

フォートナイトには、テキストチャット機能やボイスチャット機能が搭載されている。これが子どもたちに重宝されている。最近ではほとんどの子どもがスマートフォンを持っているが、なかには親に使用用途を限定されている子も少なくない。フォートナイトは、彼らにとって友だちと連絡を取る大事な手段になりえているのだ。

フォートナイトをゲームというより、LINEのようなメッセンジャー代わりに利用している子どもも少なくない。彼らにすればスマートフォンに等しいのである。

となると今後、私たち大人もフォートナイトのアカウント取得が不可欠になるかもしれない。

あと10年もすれば、ゲームネイティブは社会人となる。くわえて、当たり前だが、これから生まれてくる子もみんなゲームネイティブだ。ますますフォートナイト人口は増えていくだろう。もしフォートナイトが廃《すた》れたとしても別のオンラインゲームがメタバースとして台頭するだろう。

つまり彼らとスムーズなコミュニケーションをはかるうえで、オンラインゲームは重要なツールとなる。それは十分に起こりうる未来だ。

メタバースによってコミュニケーションのかたちが変わる。それはつまり私たちのライフスタイルそのものが変わるということだ。

③人気ゲーマーの実態

第1章の終盤で触れたように、メタバースを足掛かりに人気ゲーマーになる人が増えている。コロナ禍を境に、たくさんの人に見てもらえていなくてもとりあえず配信するゲーマーは格段に増えた。インフルエンサー的なストリーマー（ゲームのプレイ動画の配信者）になることがひとつのこの界隈での目標になっている。

僕は職業柄、「ストリーマーとして食べていきたいんですが、どうすればいいですか？」という相談を頻繁に受けるようになった。もちろんできるだけ親身に相談に乗って応援する。でもその際、現実もしっかり伝えるようにしている。

ストリーマーをはじめとするゲーマー業はなかなか大変なのだ。

ゲーム三昧《ざんまい》で楽しそう。それが人気ゲーマーに対する一般的なイメージだろう。でも実際はそう気楽なものではない。

大前提として、おもしろいゲーム動画を継続して配信する必要がある。そのために徹夜でゲームをやることもざらだ。

朝方までゲームをやり、日中にその動画編集をしてYouTubeなどのプラットフォームにアップする。そして少し睡眠を取って、ふたたび眠い目をこすりながらコントローラーを握る。そんな生活が続くのである。

新しいゲーム内のネタは古くなる前に出さないと他の誰かに先を越されてしまう。先に出されたら自分のはパクリだと言われるようになる。そんな強迫観念から彼らは休む暇がない。

ゲーマー業は、いわゆる人気商売である。動画の再生数という明確な数字によって、自分の価値を否応なしに突きつけられる。再生数が低迷すれば、すぐにオワコン扱いだ。

そんなプレッシャーを感じながら、今日も明日もゲームに打ち込む。タフな作業である。自己管理が不十分だと、無理がたたって体調を崩してしまう。実際に僕はそんな人を何人も見てきた。

eスポーツで活躍するプロゲーマーも事情は変わらない。彼らは大会で勝つために長時間練習に明け暮れる。本来、楽しむはずのゲームがある種の試練と化すわけだ。好きだったゲームが途中から嫌いになりました、でも続けています。と何度言われたことだろうか。

学研教育総合研究所の最新の調べによると、小学生が将来なりたい職業の第2位が「ユーチューバーなどのネット配信者」だ（2024年2月現在）。

ユーチューバーのヒカキンさんや、はじめしゃちょーさんは、いまや誰もが知る存在だ。子どもたちのアイドルである。でも彼らが輝いて見えるその裏には、絶え間ない努力がある。

ゲーマー、ユーチューバーとして成功するための道のりは平坦ではない。センスにくわえ、プレッシャーをうまく乗りこなせるメンタルが求められる。

もしあなたや知り合いの子どもが、彼らのようになりたいと言ったら、そんな現実があることも教えてあげてほしい。

親とメタバース

メタバースに没頭するのは子どもだけではない。仕事、家事、育児で忙しい親たちもハマるときにはハマる。それだけメタバースは魅惑的な場所なのだ。

彼ら彼女らが続々とメタバースを訪れるようになった大きなきっかけは、2020年に発生した新型コロナウイルス感染症のパンデミックだ。緊急事態宣言が出され、まず在宅がちとなった子どもたちの間でフォートナイトが大流行。次いで、それを横目で見ていた親がくわわるようになったのである。

親たちにとってのメタバースとはなんなのだろうか。

①ゲームは子どもにとって毒なのか

いまの子どもたち、つまりゲームネイティブ世代にとってメタバースは放課後の延長だ。彼らにとってそれは単なるゲーム空間ではない。友だちとの大切な交流の場である。それが彼らの日常であり、常識だ。

でも自分の子どもがゲームにのめり込むのを嫌がる親もいる。僕の知り合いのプロゲーマーはゲームのやりすぎで親にキーボードを4回も壊されたそうだ。パソコンのほうじゃなくてよかった。

無理解な親だ。たとえば、自分の子どもがサッカーの練習に明け暮れていても叱《しか》るのだろうか。叱らないだろう。応援するはずだ。

たしかにスポーツに打ち込む姿には、健康的で清々しいものがあるのは間違いない。スポーツを通して学べることも多い。

でも、だからといってゲームはスポーツに劣るのだろうか。パソコンの前でゲームに釘付けになることは時間の無駄なのだろうか。そう捉える親御さんにははっきり言いたい。

あなたは世間知らずならぬ、メタバース知らずだ。メタバース知らずは損をする。ほかならぬあなたの子どもが損をするのだ。

全員に等しく与えられたゲームを他者よりも早く上手くなるということは、そのゲームの特性の理解と分析がとても早く、そのうえで最も効率のいい反復練習のプランを考えて実践し、表情の見えない仲間との音声コミュニケーションにも長《た》けてないといけない。

サッカーや野球は明日、急にルールが変わることはないが、ゲームは余裕で頻繁に変わる。その点においてはスポーツよりもはるかにむずかしい。

いまの世はデジタル社会である。そして言うまでもなくそのデジタルシフトはますます加速していく。これから10年後、私たちの暮らしは私たちの想像がつかないほど変わっているはずだ。

そして子どもたちは、そんな変数に満ちた未来に向かって歩いている。**だとすれば、ゲームに没頭するのは無駄でもなんでもない。むしろそれは多様な生き方を実践するうえでとても有意義だ。**

オンラインゲーム（メタバース）中にはなんでもある。他者とのコミュニケーションがあり、さまざまなコミュニティがあり、そして戦略性が求められるバトルがある。

子どもたちはそこで極めて複雑な情報処理をなんなくこなしているのである。それはまさに来たる超デジタル社会に向けた予行練習のようなものだ。

ひるがえって言えば、いまのうちにそうした予行練習をこなさないと将来的な損をこうむってしまう。デジタルに疎《うと》い時点で社会的ハンデになりかねない。

だから子どもにはどんどんゲームをやらせてあげてほしい。バトルゲームに飽きれば、みずからプログラミングを学び、自作のゲームをこしらえるかもしれない。あるいは生成ＡＩを駆使してさまざまな独自コンテンツを作り、それをメタバースで公開して仲間と楽しむかもしれない。

そうした一連の行為は、10年後の超デジタル社会のなにかを暗示しているはずだ。いま子どもたちはゲームを通して未来に手をかけているのである。

②フォートナイトで井戸端会議

小中学生の子どもを持つ親の大半は30〜40代。いまのその世代は子どものころからゲームに慣れ親しんできている。

だからものは試しといま流行りのオンラインゲームをやってみると、たちまちハマってしまう人も少なくない。夜な夜なパソコンを立ち上げ、子ども以上にやり込んでいる人もいる。

ただし、ゲームの遊び方は子どもたちと変わらないものの、その使い方はちょっと違う。**わりとただ話を聞いてもらいたいためにゲームに集うのである。**

ようするに、オンライン上での井戸端会議や接待ゴルフや会社帰りの立ち飲み屋のようなものだ。

他のユーザーとマップ上を歩きながら、エモート（感情を表す動作）も使いつつ、雑談にふける。ゲームミッションは二の次のように見える。実に大人らしい遊び方とも言える。

子育て中の人は友だちと疎遠になりがちだ。どうしてもフットワークが重くなり、ランチ会や飲み会にもなかなか参加できない。独身時代のように自由気ままには動けないのだ。

そこで子どもを寝かしつけたあとメタバース空間に集まり、カフェで話をするかのように井戸端会議に花を咲かせる。

この井戸端会議の相手はリアルにつながりのある人だけではない。SNSを通じて知り合った、似たような属性の人たちで集まることもある。たとえば、受験を控えた子を持つ親同士で情報交換をするわけだ。そうした相手から得られる情報は時としてとても新鮮であり貴重だ。

いまフォートナイトのプレイヤーに主婦層が増えている。「フォートナイト　主婦」で検索にかけるとそれは一目瞭然だ。

彼女たちは誰かと話したい、誰かに話を聞いてもらいたい、という欲求がひときわ強いように見受けられる。それは当然といえば当然だ。

小さな子を持つ専業主婦であれば、日中に自分の時間なんてほとんどないだろう。子どもをあやしながら、掃除をし、洗濯をし、ご飯を作る。それだけで一日が終わっていく。そうやって社会との接点を少しずつ失うなかで、育児ノイローゼ気味になる人も少なくない。

自分の両親や夫と会話が弾めば暮らしに彩りは生まれるが、身近すぎる相手にはむしろ本音を話しづらい面もある。

そうしたなか、しがらみのない気軽な話し相手が見つかるのがフォートナイトのようなオンラインゲームだ。

しかも、わざわざ着替えてメイクして出かけなくても、スイッチひとつでアバターになり変われるのだ。

朝の家事をひと通り片付け終わった11時ごろと、子どもの寝かしつけを終えたあとの11時以降に子を持つお母さん方がインされているのをよく見るようになった。会社員のお父さん方のインは深夜帯によく見かける。

また、なんらかの理由で海外に住んでいる日本の方が日本語で交流したいときにも重宝されているように思う。

フォートナイトではありのままの自分を出せる。

そこで知り合った人は自分の素性を知らない。だから顔見知りでは話せないようなことも話せてしまう。Instagram のように〝盛った自分〟を見せるキラキラとした場所でもない。

飾らない本当の自分を出し、純粋に会話を楽しめるのだ。

③自由自在な親子の交流

子どもと一緒にどこかのテーマパークに出かける。すごい人混みだ。それでもあれこれアトラクションを乗って回り、もちろんそれはそれで楽しいのだが、帰るころにはへとへとだ。子どもは車内で眠りこけている。その日だけで2〜3万円はかかるだろう。

これがゲームだったらどうだろう。あたらしいソフトを買ってもせいぜい1万円だ。それで親子で楽しく遊べる。

フォートナイトにいたっては無料でプレイ可能だ。**つまりゲームはコスパよく親子の時間を作ってくれるのである。**

多くの人々に感動を与えている、とある著名なプロアスリートもゲームを通して親子の絆を深めている。

その人には離婚相手との間に子どもがいる。親権を持つのは妻だ。離れ離れに暮らせば、子どもと過ごせる時間はとうぜん減る。まして、プロ契約により各地を転々とするアスリートともなればなおさらだ。

そこでその人はフォートナイトを介して子どもとの交流を育《はぐく》むことにした。一緒にオンラインゲームの世界を冒険し、協力してプレイすることで、物理的な距離を超えて心を通わせたのだ。

ゲームのなかで2人はまるで同じ空間にいるかのような時間を過ごし、同じ目的に向かって互いに助け合いながらミッションを成し遂げる。それはゲームを超えた、親子の絆を深めるための大切な空間だ。

その人がやったことは、メタバースを利用したオンラインゲームの真価を物語っている。

子どもとの関係を大切にしたいと考える親にとって、このようなオンラインゲームの用い方は、ひとつの親子関係の在り方として参考になるかもしれない。

物理的な距離に関係なく、心のつながりを保ち続けられるという事実は、これからの親子関係、家族関係にあらたな可能性を示す良い事例だ。

社会人とメタバース

ここまで「子どもとメタバース」「親とメタバース」について触れてきた。最後はそのどちらにも属さない「社会人とメタバース」について見ていこう。

①フォートナイトは「出会い系」?

メタバース空間でコミュニケーションが取れるようになると、意気投合する相手が異性になることだって当然ある。異性とオンライン上でコミュニケーション、となれば、「出会いの場」として使われるのではないか? そう想像する人もいるだろう。

それは間違いない事実だ。男女の出会いを求めてメタバース内に入り込んでくる人たちは存在し、出会い系アプリのような使い方をしている。ゆえにフォートナイトなどのオンラインゲームは、一部で「出会い系アプリ」と揶揄《やゆ》されてもいる。

実際に異性間のトラブルが発生することもある。これは別のゲームの話ではあるが、既婚の元アイドルがオンラインゲームを通じて異性と出会い、不倫をしたことで大々的に報道されたこともある。

とはいえ、ゲームが「出会いの場」として使われるのは当然だと考えている。人は偶然の出会いを求める生き物であり、その出会いから友情はもちろん、恋愛感情が育まれる可能性があるのは当然だろう。

くわえて、ゲームは最初から共通の目的が与えられたメタバース空間であり、現実社会よりも仲間意識を作りやすくもある。この特性を考慮すれば、性別に関係なく親密になっていくのは自然な話だ。さらに自分の好きなゲームが強い人はカッコよく見えてしまうこともあるだろう。

また、男女の出会いの場になることには良い面もあると考えている。

現実では容姿や職業、年齢などといったステータスが重要視されることも多い。し

かしメタバースでは自分のキャラを変えることでキラキラした良い面、さらには内面を見られることが増える。

たとえば、現実の自分の容姿に自信のない人でもメタバース上では実際の容姿が見えないので、外見を気にせずに内面で勝負できる。そこで成功体験を得ることができれば、それは現実世界でのコミュニケーションという意味で自信につながっていくと思う。

しかし、純粋にコミュニケーションを求めてメタバースに参加する人からすれば、恋愛関係を求める人がいることに怖さを感じることもあると思う。女性はもちろん、子どもをプレイさせることに危険性を感じる親もいるだろう。

しかし、安心してほしい。当たり前ではあるが、メタバース上ではなにがあっても実際に触れられることはないし、相手とこれ以上関わりたくないと思えば、即座にブロックしてしまえばいい。さらに、危険な人がいるコミュニティから離れてしまうことだってできる。

僕はオンラインゲームを通じて結婚なさったカップルを何組も知っている。なかには、オフラインで初めて会ったら北海道と沖縄だったなんてこともある。こんなことはオンラインゲームでしかありえない、良い偶然なのではないだろうか。

②大人こそメタバースでチャレンジを

いまは多様性に富んだ時代だ。働き方においても、個人事業主として自立する人も増えており、会社員であっても副業が可能な時代になった。さらに言えば、インターネットを利用して自分の趣味や興味を発信し、広げていくこともできるようになっている。

たとえば、クリエイターとして活躍する人々が良い例だ。イラストレーターやデザイナーは、SNSやポートフォリオサイトを通じて自分の作品を世界中に発信し、仕事を得ることができる。

ほかにも、ゲーム実況者やライブストリーマーは、YouTubeやライブストリーミング配信プラットフォーム「ツイッチ（Twitch）」などを活用してコンテンツを配信し、視聴者との交流を通じて収益を上げている。このように、インターネットを通じて自分の趣味や才能を広め、収益につなげる手段は多岐にわたる。

しかし、こうした挑戦にはリスクもともなう。実名で活動する場合、失敗した際に、その情報が「黒歴史」としてインターネット上に残ることで、次の挑戦に悪影響を及ぼす可能性がある。たとえば、SNSでの些細《ささい》な発言が誤解を招いて炎上するリスクもあり、その影響が一生続く可能性すらある。

個人での情報発信がしやすくなったぶん、発言のリスク管理がこれまで以上に重要になってきているのだ。X（旧ツイッター）や他のSNSを匿名アカウントや裏アカウントで運用している人が多いのも、そうした背景があるからだろう。

そんななか、Z世代の若者が挑戦する場として、SNSと並ぶ選択肢のひとつになっているのがメタバースだ。

第1章で触れたようにメタバースには「気軽に転生できる」という特性があり、その匿名性によって何度でも低リスクで挑戦できる環境が整っている。

たとえば、知り合いのメタバース関連の配信者は、まずメタバース上でアカウントを作って活動を開始する。もし動画の再生回数が伸び悩んだ場合、そのアカウントを一度消し、あらたに別のアカウントを作って再挑戦する手法を取るのだ。

このように、A／Bテストのような試行錯誤をエンドレスに繰り返しながら自己実現をしていく。そして、もしそのアカウントで大成功を収めることができれば、その後、実名を公開することもできる。

匿名だからこそ何度でも失敗・やり直しができるし、失敗のリスクを軽減しながら、徐々に勝率を上げることができるのだ。メタバースは、他のSNSと比較してもリスクが低く、コストもかからないため参入障壁は高くない。そのうえ、まだまだ大人の参入が少ないことから、ライバルも少ないという見方もできる。

たとえば、メタバース内で配信者として活動し、収益を得ることができるのはもちろん、クリエイターとして作品を発表し、多くのユーザーに見てもらう場としても活用できる。

こうした背景を踏まえると、メタバースには若者だけでなく、むしろ大人こそ挑戦すべきだ、と僕は考えている。

現在のメタバースでは、若者のチャレンジャーが多く、大人の参加はまだ少ない印象を受ける。**しかし、大人はこれまでの豊富な経験や視点をいかすことで、若者にはない大きなアドバンテージを得られるはずだ。**

たとえば、実績のあるゲームクリエイターや映像クリエイターがメタバース内でオリジナルゲームを匿名で公開することもできるし、実力があるのに売れない声優が匿名ゲーム配信者になることもできるだろう。

実名を晒《さら》すリスクを取らずに挑戦できる環境は、大人にとっても同じなのだ。

ここで述べたように、若い世代はもちろん、大人にもメタバースで挑戦してもらいたいと思う。なかでも、行き詰まりを感じている大人には打ってつけの場所だ。でもどんな挑戦をすればいいかわからない人もいるだろう。大丈夫、安心してほしい。

次章では個人から企業まで、メタバースで稼ぐためには、どこからはじめれば良いのか、その具体的な手法について詳しく説明していく。

Chapter 3

メタバースの稼ぎ方・歩き方

メタバースは死んだのか？

前章では「子ども」「親」「社会人」の属性別に、メタバースがどのような使われ方をしているのかを説明した。

メタバースが、他者とのコミュニケーションや自己実現のツールとなっている実態をわかってもらえただろう。

この第3章ではそうした日常の使われ方とは異なる視点から、メタバースを紐解《ひもと》いていく。メタバースでどのように稼げるのか。どんなビジネスに注目しておくべきか。個人ユーザーから企業で働くビジネスパーソンまで、幅広い層に向けて解説したいと思う。

その前に、まずは少なからぬ人が抱いている「そもそもメタバースは、注目に値するものなのか？」という疑問を解消しておきたい。

①ユーザー数はすでに億超え

インターネットの普及によってIT革命が起き、マイクロソフト（Microsoft）、アップル（Apple）、アマゾン（Amazon）、グーグル（Google）といったテック企業が躍進。私たちの暮らしは一気に便利になった。なにより決定的なイノベーションになったのが、手のひらサイズのパソコンとも言えるスマートフォンの誕生だ。

あたらしい技術が社会に革命的変化を起こし、そしてそれがまた次の革命を呼び込む。そうした革命は同時にあらたなビジネスチャンスの到来を意味する。

最近訪れた革命と言えば、生成ＡＩだろう。２０２２年11月にアメリカ企業のオープンエーアイ（OpenAI）がリリースしたＡＩチャットボット「ChatGPT」を中心に、いま生成ＡＩブームが巻き起こっている。目下、生成ＡＩがらみのビジネスに多くの企業がこぞって参入しているのはご存じのとおりだ。

そんな生成ＡＩと並び、世の中にビッグバンをもたらす可能性を秘めているのがオ

ンラインゲームを中心とした「メタバース」だ。

そう断言できる最大の理由は、メタバースへのアクセスがより手軽になった点にある。かつてメタバースを利用するには、高性能パソコンやゲーム専用機が必要だった。しかしスマートフォンやタブレットのスペック向上と、オンラインゲームの進化があいまって、いまや誰もがメタバースに参加できるようになっている。

ひと昔前のYouTubeを思い出してほしい。スマートフォンの通信速度がまだ十分でなかったころ、YouTubeはニッチなメディアにすぎなかった。それが通信回線の高速化が進み、Wi-Fiが普及したことで、若い世代を中心にスマートフォンでのYouTube視聴が爆発的に拡大。いまではテレビに取って代わる動画メディアになっている。ようはこれと似たことがメタバースに起きつつあるのだ。

それでもメタバースに懐疑的な人は「期待感が先行している」と指摘する。たしかにVR（仮想現実）やAR（拡張現実）デバイスを用いるメタバースは、技術面においてさまざまな改善の余地があるだろう。それを体験できるのはまだ一部のユーザーにとどまっているのが現状だ。

かたやオンラインゲームを中心としたメタバースは、その手軽さから巨大なプラットフォームとして拡大し続けている。

エピックゲームズ（Epic Games）が2017年から運営するバトルロイヤルゲーム「フォートナイト（Fortnite）」は現在、全世界で5億人以上のユーザーを擁するまでになった。

スウェーデンのゲーム開発会社・モヤンスタジオ（Mojang Studios）が2009年に開発したサンドボックス型ゲーム「マインクラフト（Minecraft）」の累計販売数は3億以上。

さらに、アメリカ企業・ロブロックス（Roblox）が2006年からリリースしているオンラインゲーミングプラットフォーム「ロブロックス」のユーザー登録数は6億人を超えていると言われている。

これら3つのオンラインゲームだけで、ユーザー数はのべ10億人以上だろう。ざっくりした計算になるが全世界人口の8人に1人の割合である。進化が続くメタバースプラットフォームが、世界に革命を起こすのは時間の問題だろう。

②「セカンドライフ」に足りなかったもの

メタバースの将来について語るうえで、必ず引き合いに出されるプラットフォームがある。「セカンドライフ（Second Life）」だ。

セカンドライフは、2003年にアメリカの企業、リンデン・ラボ（Linden Lab）が開発・運営を開始した3D仮想空間である。ユーザーはその仮想空間で自分の分身であるアバターを作成し、現実とは異なるキャラクターとして活動できる。

セカンドライフでは、他のユーザーとのコミュニケーションも盛んに行われ、バーチャルワールド（3D仮想世界）の先駆けとして大きな注目を集めた。教育、ビジネス、アートなど幅広い分野での活用も進み、あらたな社会交流の場として広く認知されるようになった。

2007年にはユーザー数が1500万人に到達し、月間アクティブユーザー数も110万人に達したと言われている。

セカンドライフがそこまでの注目を集めたのには理由がある。

それは独自の仮想通貨「リンデンドル（Linden Dollar）」を用いた経済活動が行われていたことだ。

リンデンドルとは、セカンドライフ内での公式通貨で、ユーザーはこの通貨を使ってセカンドライフ内の土地や建物やアイテムの売買ができる。また、リンデンドルは米ドルと交換できることから、仮想世界での取引が実際の経済活動と密接に結びついていた点で当時話題となっていた。

さらに、ユーザーがセカンドライフ内でみずからアイテムや建物を作成する、いわゆるUGC（User Generated Content：ユーザー生成コンテンツ）機能も脚光を浴びた。

たとえば、セカンドライフ内の土地を購入し、建物などを作って人が集まる場所に発展させ、それを他のユーザーに販売するわけだ。なかにはそうやって100万ドルもの利益を得たユーザーもあらわれる盛況ぶりだった。

セカンドライフはかつてなく自由度の高いプラットフォームとしてますます拡大していくと期待されたのである。

しかし、その期待は裏切られた。セカンドライフは急速に廃《すた》れ、現在ではその名前を耳にすることもほとんどない。若い世代はその存在すら知らないかもしれない。だからインターネット黎明期《れいめいき》からネット文化に触れてきた人のなかには、「メタバース」に対して否定的なむきがある。セカンドライフの失敗が繰り返されると見なしているわけだ。

では、なぜセカンドライフは衰退したのだろうか？

セカンドライフの最大の問題は、ユーザーがその経済圏で活動するハードルが高すぎた点にあった。

操作端末にはきわめて高性能なパソコンが必要であり、UGC作成をサポートするシステムも不十分だったのだ。

当時、セカンドライフでのUGC作成には、オブジェクト配置、3Dモデリング（デジタル空間で立体的に形作るプロセス）、プログラミングといった専門的な技術が求められ、初心者が直感的に扱えるようなものではなかった。

あらゆる操作が複雑なあまり、やがて脱落するユーザーが続出。クリエイターを中心とするエコシステムが確立されず、次第にコミュニケーション以外にやることがなくなってしまった。セカンドライフはそうして衰退していったのである。

しかし、いまのメタバースはセカンドライフとは違う。スマートフォンで気軽に楽しめ、誰でも簡単に操作できる。UGC作成ツールも充実しており、初心者でもクリエイターとして活躍できる仕組みが整いはじめているのである。

そういった意味では、セカンドライフのコンセプトや構想そのものは正しかったと言える。フォートナイト、マインクラフト、ロブロックスといったメタバースゲームのコンセプトを見ても、セカンドライフの概念と非常に似通っている。

セカンドライフのあらゆる欠陥を解消し、インタラクティブな3D空間を空前のスケールに拡張したのがいまのメタバースなのだ。

メタバースの進化の流れは一過性のものではない。セカンドライフと同じ失敗を繰り返すことはないはずだ。

稼げるメタバース

いま、メタバースには十数億人のユーザーが参加している。UGC作成ツールの進化によって、セカンドライフのような失敗も犯さないだろう。

その前提を知ってもらったうえで、ここからは「UGCによる稼ぎ方」について述べたい。UGCという言葉を聞いて、小難しそうだと感じる人もいるだろうが、安心してほしい。イチからわかりやすく説明していくつもりだ。

①狙いは「ＵＧＣ」

いま個人がメタバースを使って稼ぐ方法のひとつがＵＧＣ（ユーザー生成コンテンツ）だ。

ＵＧＣとは、インターネット上で消費者である一般ユーザーが自発的に作成するコンテンツのことだ。YouTube の動画、TikTok のショート動画、Podcast の音声ラジオ、note の文章コンテンツ。これらもすべてＵＧＣである。

誰もがＵＧＣクリエイターとして活躍でき、稼ぐことができる時代になった。

しかし、これまでメタバースゲームにおいてこのＵＧＣはあまり盛り上がっていなかった。ユーザーが独自のアイテムのみならず、ゲームも制作できる機能はかねてから搭載されていたものの、広く用いられているとは言い難い状況だった。

なぜならゲーム制作の難易度が高かったからだ。テキスト、音声、画像、映像にまつわるさまざまな技術を駆使して３Ｄゲームを作る。それはゲーム制作のプロでもないかぎり簡単にできる作業ではなかった。

しかし、ここ10年でメタバースにおけるゲーム用のUGC作成ツールは目覚ましい進化を遂げている。その最先端のUGC作成ツールを搭載しているプラットフォームが、先に挙げたフォートナイト、マインクラフト、ロブロックスなのだ。

それらのUGC作成ツールでは、あらかじめ用意されたアセット（素材となるさまざまなデータ）を組み合わせてゲームを作ることが可能だ。

つまりプログラミングなどの専門知識がなくても制作が容易になったのである。**このUGC作成ツールが今後さらに進化すれば、素人がプロ顔負けのゲームを生み出すようになるだろう。**

そしてそれらのプラットフォームにおけるUGCの最大のポイントは、クリエイターに対する収益分配システムにある。優れたUGCを作り、他のユーザーの評価を集めると、プラットフォーマーからそのクリエイターに報酬が支払われるのである。

ユーザーが良質なコンテンツを次々とリリースする。するとそのプラットフォームは自律的にますます活気づいていく。**そんなクリエイターエコシステムをいっそう強固なものにすべく、プラットフォーマーはクリエイターの支援にますます力を入れている。**

フォートナイト、マインクラフト、ロブロックス。いずれもユーザーが稼げる環境を整え、収益分配の規模を拡大し、持続可能な経済圏を確立しつつある。単なるオンラインゲームの次元をはるかに超越した存在なのだ。

ゆえに、その3つのプラットフォームが「メタバースの本命」と呼ばれているのである。

②稼げるのはどこだ？

前述の3つのプラットフォームは、どのようなUGC作成ツールをそれぞれ提供しているのだろうか。その特徴と稼ぎ方について、現時点での僕の考えをまとめてみようと思う。

まずは各プラットフォームのUGC作成ツールとクリエイター（UGC作成者）報酬について簡単に説明する。

①フォートナイト：「UEFN（Unreal Editor for Fortnite）」

UEFNは、2023年3月にフォートナイトに導入されたUGC作成ツール。これによりゲーム開発の知識がないユーザーでも、フォートナイト内で独自のゲームモードやマップを容易に作れ、公開できるようになった。

そしてそのゲームが他の多くのユーザーにプレイされれば、ゲーム制作者にインセンティブが入る。インセンティブの金額はプレイヤー数やプレイ時間、新規プレイヤーの数やリピート率にもとづいて算出される。とうぜんたくさんプレイしてもらえればそのぶん金額も増えていく。

ただし、算出金額が100ドル未満の場合、インセンティブは発生しない。100ドルがスタートラインだ。トップクリエイターのなかには数億円以上を稼ぐ人もいる。

②マインクラフト：「マインクラフトマーケットプレイス（Minecraft Marketplace）」

マインクラフトマーケットプレイスは、2017年にマインクラフトに開設されたゲーム内ストア。クリエイターはこれを活用して、自作のスキンパック（外見を変えるアイテム）、アドベンチャーマップ（マップやシナリオを探索するゲーム）、テクスチャパック（ブロックやアイテムの見た目を変えるパック）などを販売して収益を得られる。

ただし、そうしてUGCを販売できるのは「マインクラフトパートナー」として公式に認められたクリエイターに限られる。マインクラフトパートナーになるには、一定の審査をクリアしなければならない。良質なコンテンツを安定供給できるか。クリエイターとしての実績はどうか。それが審査のポイントとなる。

③ロブロックス：「ロブロックススタジオ（Roblox Studio）」

ロブロックススタジオは、2006年のロブロックスのリリース時から組み込まれているUGC作成ツール。ロブロックス内のゲーム、アバター、スキンなどを作成できる。このロブロックススタジオを活用したクリエイター収益システムは２０１３年から本格的に導入されている。
ロブロックスには「ロバックス（Robux）」というゲーム内で使用する仮想通貨がある。ユーザーはロバックスを買い、それを用いてゲーム内のコンテンツを購入する。UGCを売ったクリエイターはそのロバックスを現実通貨に換金し、収益化するわけだ。

このようにメタバースプラットフォーマーはクリエイターを支援するための収益分配を積極的に行っている。優れたクリエイターをたくさん獲得できれば、そのプラットフォームは自律的に成長していく。そうしたクリエイターエコシステムの確立を目指し、いま多額の資金が投下されているのだ。

メタバースで稼ぐなら、この３つのプラットフォームを利用するのがベストだろう。どれもUGCのマネタイズにおいて魅力的な場所になっている。

なかでも僕が一押ししたいのはロブロックスである。〝作り込まなくても個人で稼ぐ

ことができる〟という点で突出しているのだ。

2024年9月に開催されたRDC（Roblox Developers Conference：ロブロックス開発者会議）において、ロブロックスCEOのデヴィッド・バズーキ氏は、ロブロックススタジオにおけるクリエイター支援の拡大を表明した。

そのクリエイター支援のポイントは次のとおりだ。

まずは、クリエイターへの還元率アップ。これまでクリエイターが有料マップを作成した際に得られる収益は、一律で売価の25％だった。それを今後、有料マップの販売価格が高ければ高いほど、それに応じて還元率も高まる設計に改められることになった。たとえば、販売価格が9・99ドルなら、クリエイター収益は50％。49・99ドルなら70％に達する。

あらたなクリエイター支援はほかにもある。クリエイターがロブロックス内で物理的な商品を販売できる機能が実装されるのだ。すでにウォルマート（Walmart）やワーナー・ブラザース（Warner Bros）といった企業と組んでネット通販のテストも実施。リアルとバーチャルの連動がいっそう密接になっていくわけだ。

さらに「クリエーターアフィリエイトプログラム」なる収益分配システムも試験的にスタートする。このプログラムは、ロブロックスの新規ユーザーを集客したクリエイターにインセンティブが支払われるというものだ。その新規ユーザーが6か月以内にロブロックスでアイテムなどを購入すると、その金額の最大50％がクリエイターに入る。とてもユニークなスキームである。

これら多岐にわたるクリエイター支援は他のプラットフォームには見られないものだ。**ロブロックスは本気である。クリエイターエコシステムを徹底的に強化し、世界の覇権を握ろうとしているのだ。彼らのその野心に乗らない手はないだろう。**

２０２４年7月、ユーチューバーのヒカキンさんもロブロックスに参入した。ロブロックス内に「HIKAKIN SHOP」を開設し、自身のアバターなどを販売している。このヒカキンさんをはじめ、今後、多くの人気インフルエンサーがロブロックスでUG

Cを展開するはずだ。

ここで紹介したロブロックスのクリエイター支援拡大は、2025年から本格的に導入される予定だ。だからいまのところ一般にはあまり知られていない。どんな分野にも先行者利益というものがある。メタバースで稼ぐなら、いまのうちにロブロックスに張っておくのが良策だ。初心者ユーザーでも十分にチャンスがある。

③いま、メタバースは個人の時代

メタバースゲームにおけるUGCで成功を収めた日本人クリエイターの筆頭は、Neverty7（ネバティ）さんだろう。彼の主戦場はフォートナイト。フォートナイトの初期からハイクオリティなゲームコンテンツを次々と生み出し、世界中のプレイヤーを魅了している。

特に代表作のひとつ「おかめの館」というホラーマップ（恐怖をテーマにしたゲーム）は、謎解き要素と恐怖感が絶妙にマッチした大傑作だ。

もちろん彼の初期のゲーム作品はすべてUGC作成ツールで作られている。専門的な技能を駆使しているわけではない。彼が数々のヒット作を生み出せる要因は、センス、アイデア、そして場数だろう。

各プラットフォームの運営会社は、プラットフォームを成功させるために初期段階に多額の資金を投入することが見込まれる。この波にいかに乗るかが鍵だ。

また、個人クリエイターだけでなく、スタートアップ企業もメタバースゲームのコンテンツビジネスに参入している。

2022年10月に設立された日本企業のNEIGHBOR（ネイバー）は、フォートナイト内に独自コンテンツを制作するクリエイティブスタジオだ。国内外の優秀なクリエイターと提携し、さまざまなゲームやオリジナルのキャラクターを創出している。フォートナイトを通じて日本独自のゲーム文化を世界に発信する。それがNEIGHBORの経営理念である。

NEIGHBORのようなメタバース事業は将来有望だろう。いまのところ国内に競合は少なく、収益化モデルも確立されていない。つまり先行者利益を得やすい状況なのだ。

事実、NEIGHBORは2023年11月、シードラウンド（創業間もない企業が行う初期段階の資金調達）で2億3000万円の資金調達に成功した。それだけ投資家に期待されているわけだ。

メタバースゲームのコンテンツビジネスは、大きな伸びしろが見込める成長分野なのである。

有望な成長分野ならば今後、大手ゲームメーカーが参入してくるのではないか？　そうなると勝ち目がないのでは？　と思うかもしれない。

しかし現時点で言えば、個人や小規模事業者のほうに分はある。というより、大手は参入したくとも参入できない。彼らの強みは多額の費用をかけてハイスペックのゲームを制作する点にある。メタバースでの展開はその開発費に見合うだけの収益にはならないのだ。

僕は以前、某ゲームメーカー大手の幹部に「UEFNはやらないんですか？」と訊ねたことがある。すると「できることが少なすぎるし、マーケットの新陳代謝が早すぎる」と即答された。

つまり現状、メタバースゲームのコンテンツビジネスはまだ完全に「個人の時代」なのである。足踏みしている大手を尻目に、個人や小規模事業者が先行者利益を獲得していくことになるだろう。

メタバースビジネスの鍵

ここ数年、日本でもテレビ局や通信事業者をはじめ、さまざまな企業が相次いでメタバースプラットフォームを立ち上げた。しかしどこも苦戦しているようだ。ユーザーが定着しないうえに、運用コストがかさみ、収益化のメドが立っていない状況である。

なかにはユーザーがほとんど寄りつかない、いわゆる過疎《かそ》バース（過疎化したメタバース）となる残念なケースも少なくない。

僕に言わせれば、そういったプラットフォームにはひとつの共通点がある。それはメタバースに対する誤解だ。メタバースならではの意義と役割を理解せず、安易に3D仮想空間をこしらえてしまう。過疎バースはその末路である。

ここでは企業がメタバース空間を設計する際に陥りがちな誤りについて見ていく。そこからメタバースビジネスの成功のヒントが導けるだろう。

①過疎《かそ》バースを生み出す企業

メタバース内に仮想の飲食店があったとする。あなたはそこに行きたいと思うだろうか？　思わないだろう。実際に料理を食べられるわけではない。そんな飲食店は無意味だ。だからそもそもメタバースにおいて飲食店の居場所はないに等しい。

ところが2023年7月、香港のマクドナルドがゲームプラットフォーム「ザ・サンドボックス（The Sandbox）」に「マックナゲット・ランド」なるものを期間限定でオープンした。

そこではユーザーがナゲットの姿をしたキャラクターとともにミニゲームを楽しめる。さらにゲームをクリアすると、実店舗で使える無料クーポンが当たるらしい（ただし無料クーポンは香港のユーザー限定）。

どうだろうか？　あなたはこのマックナゲット・ランドを訪れたいと思うだろうか？

僕は訪れたいとはまったく思わない。なにも食べられないマクドナルドに用はない。


日本が誇るハンバーガーチェーン・モスバーガーも２０２２年9月、ソーシャルＶＲプラットフォーム「VRChat」に仮想店舗「モスバーガー ON THE MOON」を期間限定でオープンした。ＶＲゴーグルを着用してそこを訪れると、現実の店舗を忠実に再現した空間を楽しめるというのが売りだった。売りはただそれだけだ。

どうだろうか？　あなたはこの仮想モスバーガーを訪れたいと思うだろうか？


マクドナルドやモスバーガーだけではない。どういうわけかメタバースに進出する飲食チェーンはほかにもたくさんある。そしてどこも似たり寄ったりのどうでもいいイベントやサービスを提供するのが常だ。

そのような飲食チェーンの狙いは、商品プロモーションやブランド戦略だろう。でも繰り返すが、料理の出ない飲食店は無意味だ。中途半端にメタバースぶったところで訴求効果があるとは思えない。

せいぜい奇妙な取り組みとして話題になるだけである。そしてそうして話題になったとしても一時的なもので終わるのだ。僕はいままで何度もそうした光景を見てきた。この手の店舗が出現するたびに首をかしげるしかない。

ひところ注目されたバーチャルオフィスも同様だ。利用価値を見出すのは難しい。アメリカ発の仮想オフィスサービス「バーベラ（Virbela）」は、会議室や講堂やイベント会場を備えたバーチャル空間を提供している。そこでユーザーはアバターとなり、他のユーザーと臨場感のあるミーティングや講演会を開催できる。あたらしいインタラクティブなコミュニケーション空間。それがバーベラの謳《うた》い文句だ。

でも実際、多くのビジネスパーソンがそこを利用しているかと言えばノーだ。とうぜんだろう。リモート会議にしろ、リモート講演会にしろ、あえてバーチャル空間でやる必要はどこにもないからだ。

Zoomをはじめとした簡易なオンラインツールを用いれば十分である。アバターになってリモート会議をしたところで特段得られるものはない。リモートならむしろ相手の実際の顔が見えたほうがいい。アバターなんてないほうがコミュニケーションは円滑になるだろう。

このバーベラをはじめ、いま数多くのバーチャルオフィスが存在しているが、どこも普及する気配はまったくない。どうしていまだに運営されているのか謎だ。

ニーズのない的外れな仮想空間はいま世にあふれている。まさに無用の長物である。

「バーチャル渋谷」なるプラットフォームもそうだ。

バーチャル渋谷は、渋谷区公認のデジタルツイン（現実空間の情報をデジタル空間に再現する技術）を用いた仮想空間である。実際の渋谷の街をそのまま再現しているのが売りである。ユーザーはアバターとなって渋谷の街を歩くことができる。観光スポットで記念撮影もできる。

またそこでは現実の渋谷と連動したバーチャルイベントが定期的に開催されている。音楽ライブ、映画のプレミアム上映会、ハロウィンイベントといった具合だ。

しかし、このバーチャル渋谷も「メタバース内に飲食店を設置する」というズレた発想に近いものがある。

たとえ渋谷をそのまま再現したとしてもあくまでそこは仮想空間だ。現実の渋谷の雑踏や喧騒《けんそう》は存在しない。ようするにそこに渋谷ならではの空気感はない。もっと言えば、単なる張りぼてだ。

そんな渋谷は魅力的だろうか。渋谷の街を味わいたいなら、現実の渋谷に足を運ぶしかないのだ。

興味本位でバーチャル渋谷にアクセスした人はそれなりにいるだろうが、リピートはしないだろう。

実際、メタバース業界に携わっている僕でさえも、いまやバーチャル渋谷の話題はほとんど耳にしなくなった。

では、なぜこのような過疎バースが生まれてしまうのだろうか。

それは第1章で述べたように「メタバース＝3D空間」「メタバース＝VR」という認識が先行しすぎているからだ。

ここで過疎バースとして挙げた事例はどれも、現実世界と同じような世界を再現することに腐心している。でも実存するものをコピーしたところでなんになるのだろうか。

3D空間、VRという技術面ばかりにとらわれるあまり、メタバースの本質を見落としている。

メタバースの本質は、あくまで「人と人の心が通じ合う空間」である。そこに集う人々が、オンライン空間を利用してコミュニケーションを楽しむ。そこにこそメタバースの真価はあるのだ。

②勝ち馬に乗ろう

多額の資金を費やし、過疎バースを作ってしまう。悪夢である。どうすればそれを避けられるのだろうか。企業にとって有益なメタバース事業とはどんなものなのだろうか。

ひとつ確実に言えるのは、イチからプラットフォームを構築しても勝算は見込めないということだ。そのメタバース事業を成功させたいなら、すでに多くのユーザーが存在するプラットフォームを利用すべきだろう。

ようするに勝ち馬に乗るのである。では勝ち馬とは？　そう、それはフォートナイトやロブロックスといったオンラインゲームにほかならない。いずれも数億人規模のユーザーを誇っているのだ。

3D空間でのコミュニケーション機能の実装は正直簡単だ。そこではなく、いかにユーザーベースを作れるかが鍵になる。

フォートナイトのようにたまたまユーザーベースを手に入れられたからメタバース

に舵を切るのはいいアイディアだろう。

実際にいま、メタバース進出に際してそれらゲームプラットフォーマーの力を借りる企業が増えている。プラットフォーマーとのコラボ企画を通じて、さまざまな趣向を凝《こ》らし自社商品の魅力をユーザーに体験してもらう。そしてそれで心をつかめれば自社のファンになってくれる。

メタバース事業はあらたな顧客拡大をはかるための強力なブランド戦略になりうるのだ。

かたやプラットフォーマーとしても、ゲームユーザー以外の客層を取り込むうえで異業種コラボは非常に有益だろう。彼らプラットフォーマーの至上命題は、壮大な経済圏の確立だ。そのためには一にも二にも集客なのだ。

メタバースで存在感を強めたい企業。これまでリーチできなかった客層を取り込みたいプラットフォーマー。**双方の利害は一致し、いまリアルとバーチャルの融合が着々と進んでいるのである。**

アメリカのアパレルメーカー・ナイキ（Nike）は２０２１年11月、ロブロックス内に「ナイキランド（NIKELAND）」をオープンした。

ユーザーはそこでさまざまなミニゲームを楽しんだり、アバターに着用させるナイキのオリジナルアイテムを購入できたりする。ナイキランドにはこれまで１９５か国から計６７０万人以上の来訪があったという。


世界最大のスーパーマーケットチェーンのウォルマートも２０２４年5月に、バーチャル店舗「ウォルマートレルム（Walmart Realm）」を開設した。

ウォルマートレルムには海底や月面を模した幻想的な空間が拡がっており、ユーザーはその世界観に浸りながら、なかばゲーム感覚で買い物を楽しめるという趣向だ。そこに陳列されているのはウォルマートが厳選した品々。購入すると、すみやかに現物が自宅に配送される。

ウォルマートレルムの狙いは若年層の顧客獲得だ。ウォルマートにとってeコマースの巨人・アマゾン（Amazon）に対抗するための大きな一手になるかもしれない。

メタバースにおけるコラボ企画はそうした物販だけではない。たとえばフォートナイトでは映画「スター・ウォーズ」やアニメ「ドラゴンボール」といったＩＰ（知的財産）の展開に力を入れている。

ＩＰを保有する企業にとってそれはあらたなファンの開拓につながる。そのＩＰを実装するプラットフォーマーにとっては、とうぜん多大な集客が見込めるわけだ。

企業にとってメタバース進出は、事業拡大をはかるうえで強力な武器になる。これまで接点のなかった客層にアプローチできるからだ。

現在、多くの企業がロブロックスやフォートナイトに続々と参入している。ただし、どこもまだ試行錯誤の最中だ。どんな施策がユーザーに刺さるのか。その答えはまだはっきりとは見えない。

しかし、バーチャル空間はいまや大きな市場になりつつあることは間違いない。そしてその市場はこれから加速度的にスケールを増すだろう。**だからこそ、いまのうちに先行者利益を確保した企業が将来的に勝つはずだ。**

巨大プラットフォームで居場所を作る。それがメタバースビジネスの第一歩だ。

Chapter 4

盟主・エピックゲームズの光と影

エピックゲームズの野望

前章では、メタバースでの稼ぎ方のなかでも、特にUGC（User Generated Content：ユーザー生成コンテンツ）が熱い分野だと述べた。そしてその最先端のUGC作成ツールを提供しているのがエピックゲームズ（Epic Games）、モヤンスタジオ（Mojang Studios）、ロブロックス（Roblox）の3社である。この第4章ではそのひとつ、僕の古巣であるエピックゲームズにフォーカスする。

エピックゲームズは「アンリアルエンジン（Unreal Engine）」というメタバース業界に欠かせないゲームエンジン（ゲーム開発に必要な基本機能を統合したソフトウェア）を開発した、いわばメタバースの盟主とも言える存在だ。

ここからはそのエピックゲームズの実情と課題について述べる。オンラインゲームを中心としたメタバース業界の現在地と未来がよりはっきり見通せるはずだ。

①世界最大のメタバース

エピックゲームズは、1991年にティム・スウィーニー氏によって設立されたアメリカ・ノースカロライナ州に本社を置く企業だ。数々の人気ゲームを提供しており、特に「フォートナイト（Fortnite）」はバトルロイヤルゲームとして全世界で5億人以上のプレイヤーに愛されている。

フォートナイトは大型アップデートが定期的に行われ、あたらしいチャプターが継続的に追加されるオンゴーイング型と呼ばれるゲームでもある。

エピックゲームズは、単にゲームを提供するだけでなく、コミュニティの形成やeスポーツへの参入など幅広い活動を展開し、メタバース業界における重要なプレイヤーとしての地位を築いている。

くわえてエピックゲームズは、アンリアルエンジンというソフトウェアも開発している。アンリアルエンジンとは、競合のソフトウェアである「ユニティ（Unity）」と並び、世界中の開発者に使用されているゲームエンジンのひとつだ。

プログラミングの知識がなくても視覚的にゲームのロジックを構築できるビジュアルランゲージを有することから、プロの開発者だけでなく、学生や個人開発者に至るまで幅広く利用されている。高品質な3Dグラフィックスを生み出すことに優れており、3Dのゲーム開発だけでなく、映画制作や建築ビジュアライゼーション（建築物が完成した状態を立体的に可視化する技術）にも使用される。

その性能は実写映画並みのリアルな3Dグラフィックスを実現でき、ドイツの自動車メーカー大手・アウディ（Audi）がショールームで用いる映像制作に採用されたほどだ。

2023年、エピックゲームズはこのアンリアルエンジンの技術を応用した「UEFN（Unreal Editor for Fortnite）」を公開した。前章でも触れたが、いまメタバース業界隈で盛り上がりはじめているUGC作成ツールのひとつだ。クリエイターはこのUEFNを使うことで、フォートナイト内でオリジナルゲームを制作できる。UEFNはその名のとおり、パワフルで自由なアンリアルエンジンの機能の一部をフォートナイト用に移植したものだ。

それにくわえ、フォートナイトにはそのオリジナルゲームが遊ばれた回数や時間などの要素に応じてクリエイターが報酬を得られる仕組みが構築されているのである。

UEFNの公開もあって2024年現在、エピックゲームズに世界中の大企業が注目している。

5億人以上のユーザーを抱える世界的人気オンラインゲームとなったフォートナイト。そして、技術基盤のゲームエンジンであるアンリアルエンジン。この2つはどんな企業も喉から手が出るほど欲しいものだろう。

そのため、メタバース業界に期待する企業がエピックゲームズに巨額の投資をする動きもあるのだ。

2022年には、ソニーグループ、それにレゴグループの持ち株会社であるキアクビ（KIRKBI）がそれぞれ10億ドル（約1250億円）を出資。さらに2024年2月には、ウォルト・ディズニー・カンパニー（The Walt Disney Company）が15億ドル（約2200億円）の出資をしたことが話題となった。この出資の影響により、同年8月にディズニーが持つ作品群とフォートナイトのコラボも発表された。

2024年のディズニーの投資時点において、エピックゲームズの時価総額は約225億ドル（約3兆5000万円）とされている。他方、競合上場企業であるロブロックスの時価総額は約272億ドル（約4兆円）。エピックゲームズは、非上場企業でありながら世界最大級のメタバース企業のひとつなのだ。

②成功を導く利他主義

エピックゲームズには、自分たちの利益を最優先にせず、そして独占しないという方針がある。ゲームエンジンであるアンリアルエンジンを基本的に無料で公開していることからも、そのエピックゲームズの方針は明らかだ。

アンリアルエンジンは1998年にシューティングゲーム「アンリアル（Unreal）」の

ために自社向けに開発されたゲームエンジン（当時はゲームエンジンというよりMODに近かった）である。その後、他社のゲーム開発者が使えるような形にし、アンリアルエンジン4のとき（2015年）に無料で一般開発者にも公開された。

もちろん、使用範囲や売上げ規模によっては使用料を取るケースもある。たとえば、大規模なプロジェクトでサポートが必要な場合は、そのサポート費用を徴収する。また、このエンジンを商用利用している企業が大成功し、ある一定の収益が発生した場合、その収益の一部をエピックゲームズに支払うかたちも取る。とはいえ、個人や小規模事業者に対しては前述のとおり、基本的に無料提供しているのだ。なんならソースコードまで公開している。

くわえて、エピックゲームズはフォートナイトで培ったオンラインサブシステム（オンラインゲームを作る際に必要不可欠な機能）もすべて開放する方向で動いている。このシステムは、たとえばマッチメイキング機能やボイスチャット機能、フレンドリストなどを提供する。

マッチメイキングはオンラインで適切な対戦相手を自動的に選んで対戦できる機能、ボイスチャットはゲーム内で音声によるリアルタイムの会話を可能にする機能、フレンドリストはプレイヤー同士を友達として登録して簡単に一緒にプレイできる機能を指す。

このオンラインサブシステムは「EOS（Epic Online Services）」とも呼ばれており、エピックゲームズのアカウントを持つ開発者であれば誰でも無料で使用可能である。

なぜエピックゲームズは、これらの機能を無料公開しているのか？

その理由のひとつに「ゲーム業界全体の発展を促進したい」という理念があるからだ。

ゲーム業界で毎年開催される世界最大級のイベント「GDC（ゲームデベロッパーズカンファレンス）」では、ゲーム開発者たちが論文や技術を発表している。ところが、これまでのゲーム業界は、各企業が独自に技術開発を行い、ゲーム業界内で知識や技術の共有があまり行われていなかった。結果として、ゲーム企業が同じシステムを、それぞれ各社でゼロから作るという「車輪の再発明」を繰り返していた。

エピックゲームズはそのムダをなくし、自社の開発ツールや技術を無償で提供することで、ゲーム業界全体の未来を拡大しようとしているのだ。他社のゲーム開発者が時間とお金をかけてゼロから独自に基本システムを作るくらいなら、自社のツールを無料で使って時間と労力を節約し、「ユーザーが喜ぶコンテンツを提供することに注力してほしい」というスタンスを取っているわけだ。

このようにエピックゲームズは、ある意味で社会貢献的なスタンスを取っており、それは設立から30年以上経ったいまも変わらない。

もちろんこの理念をビジネス的な「建前」と捉えることもできる。事実としてエピックゲームズには、ゲーム業界の基盤システムを掌握《しょうあく》することで、メタバース時代の中心的な存在でありたいという思惑があるのだろう。言ってしまえば、メタバース業界のグーグル（Google）のようになろうとしているのだ。

さっき「エピックゲームズには業界の利益を独占しないという方針がある」と言っ

たけど、これではある種の独占じゃないかと感じる人もいるかもしれない。ゲーム業界全体に影響力を拡大することで、結果的に自社のエコシステム（ゲーム開発者やプレイヤーをつなげる一連のシステム）を拡大。さらに、４０００億円以上の出資を受け、数兆円規模のビジネスを行っているのだから、独占的であるという指摘にも一理あるだろう。

このように、技術の独占を意図しない彼らが大きな利益を上げているのは、なんとも皮肉な話だが、彼らの方針によってゲーム業界全体が発展しているのも紛れもない事実なのだ。

③瞬時に開発された「フォートナイト」

エピックゲームズが手がけるオンラインゲームのなかでも圧倒的人気を誇るフォートナイト。本書でもこれまで何度も触れてきたゲームだが、あらためてその成り立ちを振り返っておきたい。

２０１７年にリリースされたフォートナイトには複数のモードがあり、なかでも人気なのが「バトルロイヤル」だ。このモードでは１００人のプレイヤーが一斉に島に降り立ち、武器やアイテムを駆使しながら、最後の1人、もしくは最後のチームになるまで他プレイヤーとバトルする。

その人気は驚異的で、いまや全世界の総ユーザー数は5億人以上、月間アクティブユーザー数は7000万人に達すると言われている。

そんなフォートナイトだが、リリース当初は悪戦苦闘していた。

2017年7月、エピックゲームズは正式リリース版として「フォートナイト 世界を救え」というモードを有料で公開。このモードは、プレイヤーが建物を作りながら敵であるモンスターの群れから拠点を守るというゲームスタイルだった。

しかし斬新さに欠け、かつプレイも単調であったため、当初の期待ほどの盛り上がりは得られなかった。そのためエピックゲームズはフォートナイトの方向性を模索し続けていた。僕もテストプレイには参加していたが、おもしろかった印象はない。

そんななか韓国のゲーム会社が開発した「PUBG（ピーユービージー）」というバト

ルロイヤルゲームが大ヒットした。本作は発売されて以降、韓国内で爆発的にユーザー数が増加。さらに世界中でプレイされるゲームとなった。

PUBGは最大100人のプレイヤーが最後の1人になるまで戦うバトルロイヤル形式の走りで、アンリアルエンジンで開発されたゲームでもある。

当時の韓国でいちばんのカスタマーということもあり、PUBGの大ヒットを肌で感じ取ったエピックゲームズは、フォートナイトもバトルロイヤルゲームへと舵を切ることにした。**ようするにフォートナイトはPUBGのゲームスタイルを参考したのだ。**

ここでエピックゲームズの「他社に比べて開発速度が圧倒的に早い」という強みが最大限に発揮される。一般的に、ゲーム会社がパソコン向けのゲームをプレイステーション向けのゲームに仕様変更するにはどんなに早くても半年以上かかる。普通は2年以上だろう。

しかしエピックゲームズはたった2か月でバトルロイヤルモードを開発し、パソコンやプレイステーションやXboxなどの各ゲームプラットフォームで同時リリースしたのである。

そうしてフォートナイトにバトルロイヤルモードが導入されると、アメリカやヨーロッパの子どもたちはすぐに夢中になった。

「フォートナイトをやっていない子どもはいない」と言われるほどの人気ぶりで、アメリカの学校では授業中に勉強そっちのけでフォートナイトに没頭する子どもが続出。社会問題になるほどだった。

それでもブームは止まらず、フォートナイトのムーブメントは世界中に拡がった。少し遅れて2020年ごろには、日本でも人気のピークを迎えることとなった。

④クリエイターエコシステムこそが未来

前述したように、エピックゲームズは2023年に、UGC（ユーザー生成コンテンツ）作成ツールのひとつであるUEFN（Unreal Editor for Fortnite）を公開した。このUEFN

を使ってクリエイターは、フォートナイト内でオリジナルゲームの制作ができるようになった。

フォートナイトには、バトルロイヤルモードのほかに２０１８年に導入された「クリエイティブモード」がある。このモードを使えば、既存のマップをカスタマイズし、ミニゲームを作成することはできた。しかし、そのカスタマイズはあくまでフォートナイトの枠組みの範囲内という制約があり、ゲームそのもののルールや基本的な動作を大きく変更することはできなかったのだ。

しかし、このＵＥＦＮの登場によって、フォートナイト内で完全なオリジナルゲームの制作が可能となった。ＵＥＦＮでは従来のクリエイティブモードの機能にくわえ、アンリアルエンジンを活用したカスタマイズができる。そのため、マップやゲームロジックを設計し、アクション、レース、パズルなどさまざまなジャンルのゲームを制作できるわけだ。

そしてUEFNでは、クリエイターが収益を得られる仕組みが大幅に強化されている。

UEFN以前のフォートナイトでは、ユーザーが「クリエイターコード」を利用してフォートナイトの公式アイテムを購入した際、その購入額の5％がコードを提供したクリエイターに支払われる仕組みであった。つまり、UGCそのものからの収益化ではなく、クリエイターコードを通じた収益化のみが可能だった。

しかし、UEFNからは、アイテムショップ全体の売上げがいったんエピックゲームズに集められ、その収益の40％がクリエイターに分配される仕組みが導入された。この分配額は、クリエイターが制作したゲームの人気度やプレイ時間などに基づいて決定される。いまトップクリエイターのなかには、年間で数億円を稼いでいる人物も存在する。

こうした収益還元率の違いから見ても、UEFNはクリエイターを優遇しているようにも思える施策だ。**エピックゲームズのその真の狙いは、UGCを基盤としたクリ**

エイターエコシステムの実現にある。

クリエイターエコシステムとはなにか。たとえば、あるクリエイターがゲーム内でオリジナルゲームを制作し、それを他のプレイヤーが楽しむ。そしてそのゲームがインフルエンサーによって広められることで、さらに多くのプレイヤーが集まり、またあらたなゲームが制作される。その結果、コミュニティやゲーム内の経済が活性化するというものだ。

この仕組みによってクリエイターを中心とした経済圏が形成され、コンテンツ制作と消費が循環。結果として、クリエイターやプレイヤー、インフルエンサーなどが相互に利益を生み出し、消費し合うことで、エコシステムが回り続けていくのである。

エピックゲームズは当初から、バトルロイヤルモードを自社で制作してきた。しかし、クリエイティブモードやＵＥＦＮの公開以降、クリエイターにコンテンツ制作を徐々に委ねはじめ、自身はそれを支えるインフラの提供者としての立場にシフトする戦略を取っている。**つねに自社でおもしろいコンテンツを制作し続けることに限界を**

感じているからだ。

フォートナイトはバトルロイヤルのゲームとしてリリースされてから、すでに6年以上経った長寿ゲームだ。通常、ゲームはリリースから2年くらいで人気が衰える。しかしフォートナイトは依然としてオンラインゲームのトップに君臨しているのだからすごい。とはいえ、あたらしいアイデアを絶えず生み出すことが困難になっているのも事実だろう。

そのような背景からエピックゲームズは、クリエイターエコシステムの実現を目指し、UEFNを公開した。クリエイターに報酬を与え、あらたなアイデアを積極的に取り込もうとしているのだ。

彼らの構想するメタバースは「ゲーム内に多くのユーザーが集まり、リアルタイムで交流できる場を提供すること」である。その構想に必要不可欠な要素がクリエイターエコシステムだ。そういう意味で2023年は、エピックゲームズにとって「メタバース元年」とも言える年であり、このエコシステムを完成させることが同社の重要な目標となっている。

エピックゲームズの試練

フォートナイトの大ヒットによって急速に成長を遂げ、順風満帆のように見えるエピックゲームズ。しかし実際には課題も抱えている。エピックゲームズに在籍していた僕だからこそ見える、彼らの課題についても触れておきたい。

①クリエイターエコシステムはバランスがむずかしい

エピックゲームズは2023年、クリエイターエコシステムの構築を目指してUEFNを導入。ユーザーがフォートナイト上でオリジナルゲームを容易に制作できる環境整備に励んでいる。

そうした戦略の背景には、ロブロックスやマインクラフト（Minecraft）といった競合他社の存在もある。彼らは同様のエコシステムをすでに確立しつつある。エピックゲームズとしても、うかうかしていられないのだ。

しかしエピックゲームズは慎重を期さねばならない。このエコシステムの舵取りを誤ると、肝心のフォートナイトというゲームそのものが廃れるリスクがある。

なぜなら、多くのユーザーが楽しんでいるのは、フォートナイトのバトルロイヤルモードだからだ。もしエピックゲームズがこのバトルロイヤルモードの開発をやめてしまったら、みんな一斉にフォートナイトから離脱しかねないだろう。

かたやロブロックスやマインクラフトではUGC（ユーザー生成コンテンツ）を中心としたエコシステムがうまく機能している。開設当初から一貫してプラットフォームの整備に勤《いそ》しみ、ユーザーが自由に遊び方や世界観を作れることを最優先事項にしてきたのだ。

それがロブロックスやマインクラフトの強みであり、自社コンテンツを提供し続けるエピックゲームズとの決定的な違いである。

クリエイターエコシステムを実現するにあたり、エピックゲームズが直面している大きな課題は、自社コンテンツとUGCのバランスをどう取るのかという点だ。これが大きな悩みのタネになっているのだ。

②他社IPという禁断の果実

2024年2月、ウォルト・ディズニー・カンパニーはエピックゲームズに対して15億ドル（約2200億円）の出資を行った。この報道を聞いたユーザーからは「ついにディズニーにまでフォートナイトの手が届いた」という歓喜や驚きの声が上がった。気持ちはわかる。それだけディズニーというIP（知的財産）にはインパクトがある。「フォートナイト上にディズニーランドが誕生するかも!?」と胸を高鳴らせた人もいるかもしれない。

事実、同年8月にエピックゲームズはゲーム内におけるディズニーキャラクターとのコラボを発表した。だから仮想ディズニーランドもそう遠くない日に実現するかもしれない。

しかし、フォートナイト内にそうした他社ＩＰを取り入れるのは、エピックゲームズにとって良い面も悪い面もあると思う。

あのディズニーキャラクターがフォートナイトに降り立つ。たしかに話題性は十分だ。実際、ゲーム業界にとどまらない反響を巻き起こしている。フォートナイトがいっそう活気づくのは間違いないし、キャラクター目当てのユーザー課金も増えるはずだ。それでエピックゲームズは大きな収益を手にすることになる。

でもその効果は一時的なカンフル剤のようなものだ。コラボが終われば熱は引く。他社ＩＰに頼ったところで持続可能な成長は見込めない。しかもそれは自社ＩＰを貶める行為にもなりかねないのだ。ようするに副作用が大きいのである。

今回のディズニーとのコラボはむしろ、エピックゲームズの自社ＩＰのある種のあきらめすら感じさせる。

ディズニーキャラクターは世界最高峰のＩＰだ。それとのコラボという究極の一手を打ったあと、どこに向かえばいいのだろうか？　ひたすら大手ＩＰとのコラボを繰り返すのだろうか。もちろんそれは不可能だ。数に限りがあるので現実的ではない。自社ＩＰを退け、他社ＩＰに頼る。そこに爆発力はあっても持続力はない。なまじユーザーの期待値が上がったぶん、その後の道のりは険しいものになるだろう。ちょっとやそっとのことではユーザーは満足しなくなるわけだ。

詰まるところ、他社ＩＰは禁断の果実なのだ。それが魅力的なものであればあるほど、あとあとのしかかる負担は大きくなる。

エピックゲームズが他社ＩＰと組むようになったのは、いまにはじまったことではない。これまでもマーベル・コミック（Marvel Comics）、ＤＣコミックス（DC Comics）、そして日本の集英社といった出版社が保有するキャラクターがフォートナイトに登場した。

ひるがえって言えば、エピックゲームズはオリジナルＩＰの開発になかなか本腰を入れなかったということだ。そしてそのままずるずると歳月だけが流れていった。どうしてそうなってしまったのだろうか。

欧米でフォートナイト人気が急騰したのが2018年。そこからあっという間に世界中にフォートナイトユーザーが拡がった。2018年と2019年の2年間でフォートナイトがエピックゲームズにもたらした収益は実に90億ドル（約1兆円）にのぼる。

その莫大な収益状況を維持するためには、これまた莫大な運転資金が必要になる。エピックゲームズとしては自社IPの開発どころではなかった。運転資金の確保に必死で、ほかに手が回らなかったのだ。**皮肉にもフォートナイトの爆発的ヒットが、エピックゲームズの身動きを奪ったのである。**

そしてスウィーニー氏は決断する。それが禁断の果実だと知りながら、マスタード氏の進言を受け入れる。速やかで確実な資金調達を果たすうえで、他社IPの導入は極めて魅力的であった。

かくして他社IPとのコラボ戦略が実行に移されたのだ。そしてそのまま今日に至り、とうとう劇薬にもなりかねないディズニーにたどり着いた印象である。

③ eスポーツとの相性の悪さ

いま若者を中心にeスポーツが盛り上がっているのはご存じのとおりだ。フォートナイトもまたeスポーツの人気種目のひとつになっている。

しかし他社IPの導入が押し進められるにしたがって、フォートナイトのサードパーティ主催のeスポーツ大会は開催がむずかしくなってしまった。大会主催者が当該のIPの保有者に使用許諾を取る必要が出てきたからだ。

マーベル・コミック、DCコミックス、集英社といったキャラクタービジネスを手がける企業はとうぜんながら厳格な著作権管理を行っている。部外者がそのキャラクターの使用許諾を得ようとすれば、煩瑣《はんさ》な手続きが発生する。

また使用料の問題もある。有名なキャラクターであればあるほど使用料は跳ね上がるのである。

ましてディズニーは業界一と言われるほど、自社のキャラクター使用についてはロうるさい。そう簡単に使用許諾は得られないだろう。

とうぜんエピックゲームズとしても、フォートナイトのeスポーツ大会の開催には神経質にならざるをえない。どこの誰とも知れない主催者に任せるわけにはいかなくなる。

外部パートナーとして信頼できる相手でもないかぎり、そう簡単にはフォートナイトの使用許可を出せなくなってくるのだ。実際にいま、一般ユーザー主催のフォートナイト大会は激減するばかりである。

他社IPを導入した代償として、フォートナイトはeスポーツに向かないゲームになり下がってしまったのだ。

エピックゲームズには他社IPを導入したことによる多くの弊害が生まれている。結果論ではあるが、彼らは多少の痛みをともなってでも、やはり自社IPを手がけるべきだったと僕は思う。

他社ＩＰへの依存体質から脱却ができるのか。いまフォートナイトは運命の分かれ道にあると言えるのかもしれない。

任天堂はメタバース本命になれるのか？

ここまでメタバースのリーディングカンパニーであるエピックゲームズについて解説してきた。

本章の最後に、これまで触れてこなかった日本の大手ゲーム会社である任天堂についても取り上げておきたい。

現在、日本のゲーム業界には、任天堂をはじめスクウェア・エニックスやソニー、セガにコナミ、バンダイナムコなどの大手企業が存在している。

僕はそのなかでも任天堂についてはエピックゲームズと真逆の独自路線を歩んでいる点で、とてもおもしろい会社だと考えている。

任天堂はＩＰをみずから開発し、それを最大限に活用している。たとえば、マリオというＩＰは世界でも圧倒的な強さを誇っており、この自社ＩＰを活用したソフトを市場に投入しさえすれば莫大な売上げが見込める。これは他社ＩＰに頼っている現状のエピックゲームズにはない強みだ。

任天堂は、ほんとうにおもしろいと確信できるゲームが完成するまでは市場に出さないというポリシーを持っており、製品の質に対して一切の妥協を許さない。この徹底した品質管理も任天堂の強みだ。

逆にエピックゲームズは出してから考えるというスタンスだ。不完全でも予定されたタイミングである程度プレイできる状態であればリリースする。その後ユーザーからの意見を参考にどんどん直して改良していくわけだ。

任天堂のオンラインゲームをプレイしたことがある人ならわかるだろうが、任天堂のゲームではオンライン対戦でも誰かと1対1で密室状態になることはないし、プレイヤー間の摩擦を引き起こすようなチャット機能も意図的に排除されている。

この点で、任天堂のゲーム設計の思想は、エピックゲームズのそれとは大きく異なる。初期のフォートナイトは、エモートやダンスなどのジェスチャーでコミュニケーションを取る設計に限定されていた。

しかし、のちにボイスチャットが導入されたことでユーザーが急増した一方で、プレイヤー間のトラブルも多発してしまうというあらたな課題に直面することになった。

「メタバース上で大ヒットするゲームが日本から生まれるのか？」と聞かれることがあるのだが、それを実現できるのは任天堂ぐらいではないだろうか。高い開発力と、豊富なノウハウ、さらに独自ＩＰを持っている任天堂が本気で取り組めば、メタバースでも成功を収められるはずだ。

ただし前述のとおり、メタバースコミュニティの管理にはむずかしい側面がある。

さらにゲームの開発には高額な費用がかかることを考慮すると、任天堂がみずからのポリシーを崩してまで、自由なコミュニケーションが重視されるメタバースに全力で参入することは考えにくい。

事実、現時点では任天堂がメタバースに参入する意欲はそこまで感じられない。とはいえ、任天堂は独自路線で強固な地位を築いており、現状の方向性でも十分な成果を上げている。したがって、無理にメタバースのトレンドに乗る必要はないと考えているのではないだろうか。

本章では、エピックゲームズを通じて、オンラインゲームを発端としたメタバース企業の実情を知ってもらえたと思う。最後に日本のゲーム企業である任天堂にも簡単に触れたが、任天堂をはじめとする多くのゲーム企業がメタバース事業の参入に二の足を踏んでいる。その背景には、コミュニティの運営がむずかしいという側面がある。

そこで次章では、僕がエピックゲームズ在籍中にフォートナイトのコミュニティマネージャーとして働くなかで得た知見をお伝えしていこう。

Chapter 5

「コミュニティ」を制するものは世界を制す

ゲームを売らないゲームビジネス

前章では、メタバース企業の本命であるエピックゲームズ（Epic Games）の実態をお伝えした。

彼らが運営する「フォートナイト（Fortnite）」は、2017年のリリースからすでに7年以上が経過。ピーク時よりは減少したものの、依然として月間アクティブユーザー数7000万人以上を維持している。

一方、同じゲーム業界でも、単体のゲームを開発・販売する「売り切りゲーム」型の企業は、任天堂のような強力な自社IP（知的財産）や人気シリーズを持たないかぎり、経営が厳しくなっている。

この第5章では、フォートナイトが長年にわたって、ユーザー数を維持できている理由を紐解《ひもと》いていきたい。

① ゲームのサービス化が進むワケ

現在のゲーム業界では、売り切り型ビジネスが成り立たなくなってきている。ゲーム業界における売り切り型ビジネスとは、ユーザーがゲームソフトを購入し、追加の課金なしで楽しむ従来型のビジネスモデルのことを指す。ゲーム機本体がインターネットに接続される以前、ゲーム会社のビジネスモデルはこれが基本だった。

しかし、このビジネスモデルは、基本的にゲーム販売直後の売上げがピークとなり、その後は収益が減少していくのが常態だった。さらにゲームソフトの価格相場がほぼ決まっているため、大幅な利益率の改善も望めない。結果、ただでさえ少子化が進み、全体のパイが小さくなるなか、ゲーム会社は新作ゲームをひたすら作り続けなければ会社の存続が危うくなっていたのだ。

その後、ゲーム機本体がインターネットに接続されるようになると、ゲーム会社は既存の人気ゲームソフトの追加ストーリーなどをプレイできる「拡張パック」のダウンロード販売も行うようになった。しかし、ユーザーは一度ゲームをクリアすると、また別のあたらしいゲームに興味を移しやすいため、拡張パックをリリースしてもさほど反響が得られないケースが多々ある。

このビジネスをさらに困難にしているのは、中古ゲーム市場の活況だ。

従来から日本には、ゲオやTSUTAYAといった中古ゲーム市場が存在していた。しかしスマートフォンの普及にともない、メルカリなどのフリマサービスが登場。手軽に個人間売買ができるようになった結果、ゲームソフトの中古売買が急増している。

ゲーム購入者の立場からすると、中古であろうと新品であろうとゲームそのものの内容は変わらないので、中古ゲームを購入したほうがお得だ。しかもゲームをクリアしたあと、すぐに中古市場で売却し、次のゲームの購入資金に充てられるのだから、中古市場でゲームを購入する層が年々増加するのも無理はない。

そしてとうぜんながら、その循環のなかにゲーム会社の居場所はなく、恩恵に預かることもできない。

もちろん、ゲーム会社もパッケージされた物理的なゲームソフトだけでなく、ダウンロード版のゲームソフトを販売することで対策は試みている。しかしその効果は限定的であり、中古市場の課題を根本的に解決するに至っていない。

こうした状況のなか、長期間かつ多額の資金をかけて大規模なゲーム開発を行うのがどれほどむずかしいことかは容易に想像できるだろう。もちろん、「ファイナルファンタジー」「ドラゴンクエスト」のような有名シリーズ作品であれば、開発に年月を費やし、莫大《ばくだい》な費用をかけても採算は取れるだろう。

しかし、これはあくまで確立されたブランドやシリーズものに限った話だ。新規タイトルのゲームとなれば、事前の売上げを予測するのはむずかしく、開発費を回収できないリスクが高まる。特に中小ゲーム会社にとって、新規タイトルの開発はある意味で博打みたいなものだ。

こうして売り切り型のビジネスは急激に縮小し、昨今のゲーム業界では、コンテンツをサービス化する「オンゴーイング型」というビジネスモデルが主流となりつつある。このオンゴーイング型については、次で説明していく。

②無料プレイでも儲かる仕組み

2021年に巨大テック企業のフェイスブック（Facebook）が、社名をメタ（Meta Platforms）に変更したことで、バズワード的に使われはじめた「メタバース」という言葉。この言葉が広まる以前、ゲーム業界では、オンゴーイング型のゲームのことを「GaaS（ゲーム・アズ・ア・サービス）」と呼んでいた時期があった。

GaaSとは、ゲームを一度販売して終わりではなく、アップデートや追加コンテンツで長期的にサービスを提供するビジネスモデルを指す。このGaaSという言葉は、ユーザーがインターネット経由でソフトウェアを利用する「SaaS（ソフトウェア・アズ・ア・サービス）」の「S」が「G」に変わったものだ。いわば、クラウドサービスのゲーム版である。

たとえば、僕が携わっていたフォートナイトは、GaaSの典型例だ。フォートナイトでは、継続的にゲームの更新や拡張が行われ、キャラクターの追加やあたらしいイベントの提供により、ユーザーが長期間楽しめるよう設計されている。

いま、このＧａａＳ化のなかで生まれたビジネスモデルのひとつである「フリー・トゥ・プレイ（free to play）」を採用するゲーム企業が増えている。

フリー・トゥ・プレイとは、基本プレイを無料にすること。ゲームを無料にすることで幅広いユーザーを引き込み、その後、ゲーム内の追加コンテンツや課金アイテムを通じて収益を得ることができる。

たとえば、フォートナイトも基本プレイ無料のゲームとして提供されているわけだが、「スキン（キャラクターの外見を変えるアイテム）」を筆頭にしたゲーム内課金により収益を成り立たせている。なかには、数千円するスキンを複数購入するコアユーザーもいる。

また、スキン以外にも「エモート（キャラクターが特定のアクションや表情をする機能）」や「フォートナイトクルー（数か月ごとに更新されるサブスクリプション型のコンテンツ）」など、フォートナイトには複数のキャッシュポイントが存在することが強みだ。

こうしたビジネスモデルでは、従来の売り切り型と異なり、収益が単発の購入に限定されることはない。そのため、理論上は収益に上限がなく、継続的に売上げを伸ばすことが可能である。

もちろん、無料の範囲で遊ぶだけのユーザーも多く存在する。それでもユーザー数を爆発的に増加させ、そのなかに少数でも「コアファン」が生まれ、彼らが継続的に課金してくれれば、無料ユーザー分のコストも十分に回収できる設計なのだ。

ゲームのパッケージ版であれば、1000万本の販売数で世界的なヒットとされるが、フォートナイトの総ユーザー数は世界中で5億人を超えている。この膨大なユーザー数を持つことで、一部のユーザーによる課金だけでもビジネスが成り立つことは想像にかたくないはずだ。

人はおもしろいのかどうか、わからないものにはお金を使わなくなった。しかし、おもしろかったものに対しては、感謝の意を伝えるかのごとくどんどんお金を払う。おもしろい現象だ。

興味深いのは、このオンゴーイング化の流れが、ゲーム業界以外にも拡がっている点である。

たとえば、雑誌業界では、コンビニでの雑誌販売が減少する一方、電子版への移行が進み、無料WEBメディアを立ち上げて広告収入モデルを採用するケースが増えている。これは、ゲームでたとえるところのフリー・トゥ・プレイのようなものだろう。

またこのようなメディアでは、月額課金のオプション（サブスクリプション）を提供するだけでなく、過去のコンテンツを個別に購入させるような横展開も進められている。

僕の視点から見ていると、どの業界においてもオンゴーイング化が加速しており、いまコンテンツのあり方が大きく変わる過渡期にあると言える。

ゲーム業界にかぎらず、コンテンツを提供する企業は、単にコンテンツを販売するだけではなく、その後のサービス維持や顧客との関係構築にまで取り組まなければならない時代である。

こうした変化のなかで、多くの企業がどのようにしてサービスを維持し、ユーザーに継続的な価値を提供していくべきか、その方策を模索していると思う。その具体的な解決策は次で紹介してみたい。

③ゲームはゲームを超えていく

ゲームのサービス化にともない、ゲームメーカーは、ユーザーが基本プレイを無料で楽しめる環境を提供している。とうぜんユーザーがすぐに離脱してしまえば、収益は出せない。

そのため、収益性を確保するには「ユーザーの継続率」が重要となる。ユーザーが長く遊べば遊ぶほどゲームへの愛着が強まり、継続的な課金が期待できるためだ。

しかし、特に日本のゲームメーカーは、かつてのファミコンに代表されるような売り切り型モデルで大成功したからか、「良いゲームソフトを作れば売れる」という古い考え方が根強く残っており、オンゴーイング型のゲームを運営するためのノウハウが十分に培われていないケースも多い。

では、どのようにしてユーザーの継続率を高めるのか。そこでカギとなるのが「コミュニティ」を作り出すことだ。フォートナイトのようなメタバース空間は、心の通った空間である。純粋にゲームを楽しむという共通の目的もあれば、同じコミュニティ内の仲間とコミュニケーションを取るという目的もある。ユーザーの継続率を高めるためには、後者を目的にする人を増やしていけばいいのだ。

僕の考えるゲームコミュニティとは、ゲームという共通の目的を通じてユーザー同士がつながり、仲間たちとともに楽しめる場である。ゲームコミュニティが盛り上がり、交流が活性化すると、ユーザーはただの消費者ではなく、自分はゲームに貢献している仲間の一人なんだという意識を持つ。その結果、長期的にゲームを続けるようになる。

たとえば、第2章で述べたように、他のユーザーとの「井戸端会議」のような会話を通じて、ユーザー同士が日常の出来事やゲーム内の体験を共有する場が生まれる。こうした人との交流を重ねることで、結果としてゲームに対する愛着も深まっていく。

こういった、メタバースにおいて顕著となるユーザー心理は、フォートナイトを筆頭としたオンラインゲームですでに実証されている。**だから、オンゴーイング型のビジネスモデルを強化するための要素として、コミュニティの形成が重要なポイントであることは間違いないのだ。**

こうなってくると、ユーザーがゲーム内でコミュニティを形成しやすくする仕掛けが必要となってくる。そこでフォートナイトでは、多くのイベント施策を行っている。

たとえば、2020年8月に米津玄師さんが日本人アーティストとして初のバーチャルライブ「STRAY SHEEP in FORTNITE」を開催。これは彼のアルバム「STRAY SHEEP」のリリースに合わせたPRを兼ねてはいたが、ユーザーは、フォートナイト内で大人気アーティストの楽曲とビジュアル演出を楽しめるものだった。

つまり、フォートナイトはライブイベントというかたちで、ユーザー同士が共有できる話題を提供したわけだ。そして言うまでもなく、「あのすばらしい瞬間を共有した」という一体感は、フォートナイトとそのコミュニティへの帰属意識を高めることにつながった。

さらに、このイベントはSNSでも大きな話題を呼び、新規のフォートナイトユーザーが参入するきっかけとなった。もちろんライブイベントだけを目的にフォートナイトに参加したユーザーもいたとは思うが、そこでの体験という共通の話題はユーザーの継続率を伸ばす一因になったはずだ。

このように、ゲーム内のコミュニティが「仲間と楽しむ場所」「帰りたい場所」として機能することで、そこには単なるゲームを超えた存在価値が生まれる。そして、それはオンラインゲームとして世界中に展開されているメタバース内に、すでに存在しているのである。

ゲームコミュニティの深層

フォートナイトが人気を維持し続けられる理由のひとつは、コミュニティの存在にあると述べた。しかし実はそれらのコミュニティは、運営側が適切に運営・管理していく必要がある。フォートナイトが運営側として米津玄師さんのライブイベントを実施したのもその一環と言えるだろう。

長く愛されるゲームは、こうした話題が維持される仕組みが適切に施されている。コミュニティに関しても、運営側がユーザーサポートをしっかりと行うことで、ユーザーのゲームに対する愛着がより強固になるのだ。というわけで、ここからは、こうしたコミュニティ運営・管理について考えてみたい。

ライクを作るのは開発チームや運営チームだが、ヘイトをコントロールできるのはコミュニティの前線にいるコミュニティマネージャーだけだ。

①コミュニティ形成の作法

繰り返すが、ゲームが長く愛され続けるには、ユーザーが安心して交流できる、心地よいコミュニティが欠かせない。そのためには、ユーザーが「また戻ってきたい」と思える空間を作り上げる役割が重要となる。この役割を担うのが、コミュニティマネージャー（コミュニティの管理人）である。

ゲームにおけるコミュニティマネージャーとは、ゲームコミュニティを健全に成長させ、ゲームファンを増やしていく役割を担う存在だ。特に、継続的に更新されるオンゴーイング型のゲームでは、この役割が不可欠であると僕は考えている。

誤解されがちなので、最初に説明しておきたい。

ここでいうコミュニティマネージャーとは、企業のソーシャルメディアで広報を担当する役割とは異なる存在だ。たとえば、ソーシャルメディア担当は新製品の情報発信やキャンペーンの告知などが主な仕事である。

それとは違い、僕が考えるコミュニティマネージャーの役割は、「ユーザーとパブリッシャー」の間に立つことだ。ユーザーと上手く関わりつつ、コンテンツの提供側の視点も持って振る舞う役割を担っている。つまり、「ユーザーとパブリッシャーの橋渡し役」である。

この役割は、オンラインサロンの管理者に近いところがある。たとえば、新規加入した人がコミュニティに定着できるよう、歓迎会のようなイベントを企画し、新規加入者に対して活動の場を提供する。

また、コミュニティの主催者に悪意を持って近寄ってくる参加者を管理し、トラブルを未然に防ぐ「緩衝材《かんしょうざい》」としても立ち回る。そうやって、コミュニティを円滑に運営し、安心して交流できる場を作っていくのである。

そんな役割を持つコミュニティマネージャーの存在意義をひと言で表せば、それは「ファンを増やすこと」にある。フォートナイトコミュニティでたとえると、ユーザーにフォートナイトを長く楽しんでもらい、ファンをコミュニティから離脱させないことが目標だ。

言い換えれば、ユーザーにゲームを長く遊んでもらい、継続して課金や時間を費やしてもらうのだ。ユーザーに「このゲームは最高だ」と感じてもらい、コミュニティ内のファンを増やすことをひたすら追求する。これが、コミュニティマネージャーの目的であると考える。

フォートナイトには、無数の楽しみ方がある。ビクトリーロイヤルを目指してもいいし、おもしろプレイの珍プレイ集を作ってもいいし、建築で大きなラマを作ってもいい。そのすべてを否定しない。コミュニティマネージャーは心からフォートナイトを楽しんでくれる人を全力で肯定する。

コミュニティはなにかを好きな人が集まって結成されるので、超肯定役がいればもっと盛り上がる。人は自分の好きを共有したいし、否定されたくない。ましてや、その好きを作っている会社の人からの肯定は嬉しいものだ。

またコミュニティマネージャーは、積極的にインフルエンサー同士をつなぎ、彼らの努力を讃える。彼らがこのコミュニティをいちばん盛り上げてくれているからだ。感謝を伝え、さらにみんなで成功する未来を模索するのである。

逆にコミュニティが適切に管理されていなければ、その過疎化は著しいものになる。

ユーザーはゲームそのものだけでなくコミュニティに飽きると、自然とそのゲームから離れてしまい、他のタイトルへと移動してしまうからだ。

たとえば、フォートナイトのコミュニティが、ユーザーにとって居心地の悪い空間になってしまえば、リアルタイム対戦型カードゲームの「クラッシュ・ロワイヤル(Clash Royale)」やバトルロイヤルゲームの「エーペックスレジェンズ(Apex Legends)」など、活気ある別のゲームコミュニティへと移ってしまう。

経験上、そうして一度離れてしまったユーザーが、あらたなコミュニティで心が満たされてしまうと、元に戻ってくることはなかなかない。だからこそいまの時代には、コミュニティマネージャーという役割が重要となるのだ。

②「ガス抜き」はマストである

僕はエピックゲームズの日本法人に在籍中、フォートナイトのコミュニティマネージャーとして働いていた。その業務のなかには、各方面で活躍する尖ったユーザー、プロプレイヤー、トップクリエイター、インフルエンサー、ファンアートの作者、コスプレイヤーなどとの調整役も含まれていた。

そして、そんなトップ層と関わっているうちにユーザー間で少しずつ僕の存在が知られるようになり、やがて「エピック今井」としてフォートナイトコミュニティ内で認知されるようになった。

コミュニティ内で顔が知られてくると、ユーザーからのさまざまな連絡や苦情が自然と僕のもとに集まってくるようになった。その多くは、「承認欲求を満たしたい」「意見や不満をぶつけたい」といった内容だ。そして、これらを真摯《しんし》に受け止めることも、コミュニティマネージャーとしての大事な役割のひとつになる。

たとえば、自分の作品をゲーム内で採用してほしいと、みずから描いたイラストを送ってくる人。ゲームに採用してもらいたいからか、自作のコスプレ衣装の自撮り写真を送ってくる人。はたまた、自作したオリジナルゲームの動画を送ってくる人など、さまざまなユーザーがＳＮＳのＤＭやコメント欄などを通じて連絡をしてくる。そのひとつひとつに目を通していい距離感を保ちながら感謝を伝えることも、コミュニティマネージャーとして欠かせない対応のひとつだ。

その目的は、ユーザーの承認欲求の解消である。特にコアファンはゲームへの思いが強いため、自分の二次創作作品を誰かに見せたいという思いを強く抱きがちである。そこでまずはコミュニティの顔である僕に見せることで、その欲求を解消しようとしているのだ。

ほかにも、「こんなアイテムを拾ったらこんな挙動をしましたが、これはバグでしょうか？」「ログインできないのですが、なにか不具合がありましたか？」といった問い合わせやトラブル報告も頻繁に届く。それらの対応も大切だ。

もちろんそのすべてに対応できるわけではないが、クリティカルな問題はすぐに大会運営チームや開発チームに報告して対処にあたる。対処中であることを伝えるだけでもコミュニティに対する満足度は上がるものだ。

また問題をいちばん把握しているであろうプレイヤーたちに直接話を聞き、解決に向けてサポートしてもらうこともある。

ひとりですべての問題には対処できない。よって多くの場合は社内の担当部署と連携し、対応していくのだ。たとえば、ユーザーからの意見を聞き、それを社内の開発者に伝える。そこでゲームの改善をはかり、その経過や状況を僕からユーザーに伝えるのである。

このようにユーザーからの欲求や不満などを適切に管理し、コミュニティ内を健全に回すことがコミュニティマネージャーの役割。簡単に言えば、コミュニティマネージャーとは、コミュニティ内の「ガス抜き役」だ。

ガスが溜まると大爆発を引き起こすように、コミュニティ内でも「不満」「欲求」といったガスを放置すれば、爆発しかねない。それを適切に処理していくのも大事な役目である。

好きなゲームだからこそ不満は伝えたい。解決されてもっと好きになりたい。それがユーザー心理だ。

時には日本ユーザーからの誹謗中傷までもが、僕に集中したこともあった。一般ユーザーから見れば、フォートナイトコミュニティの顔として見えるのは僕だけだ。だから、サービスになにかしらの不満があると「フォートナイトがダメなのはエピック今井が悪いからだ」というかたちで、批判が僕に向くことになった。まあ、それは仕方ないことだろう。

僕個人としては、日本ユーザーからの批判を受け止めるのも、現地法人のコミュニティマネージャーとしての役割だと考えている。

もし現地法人に「コミュニティの顔」がいなければ、アメリカ本社に苦情が直接向かうことになる。だが、言語の壁や文化の違いもあり、本社が対応するには負担が大きい。加えて言語の壁によってユーザー離れにもつながる。だからこそ、現地法人の僕が表立ち、その批判や誹謗中傷を受ける役割を担っていた。本社からすれば、日本には「今井という盾」が存在したわけだ。

コミュニティが大規模になれば、同時に誹謗中傷やトラブルも増えるのはとうぜんのこと。こうした負の面もケアするのがコミュニティマネージャーとしての役割であり、ゲームのサービス運営を続けるうえでは避けられない事柄だ。

ところが、2023年9月。僕を含むすべてのリージョンのコミュニティマネージャーが、エピックゲームズからレイオフされた。その結果、フォートナイトコミュニティに「ガス抜き役」がいなくなってしまった。

以来、エピックゲームズが日本ユーザーとつながっている様子は見受けられない。フォートナイトは運営元からユーザーへ直接アプローチする手段を失ってしまった状態だ。

結果、日本のフォートナイトユーザーがバラバラになってしまった感覚がある。実際、ユーザー数が減少しているし、「以前よりフォートナイトがつまらなくなった」という声を聞くことも増えてきた。**これはフォートナイトそのものがつまらなくなったわけではない。コミュニティが適切に運営されておらず、運営に対して距離を感じることになり、ガスが溜まっていることのあらわれなのだ。**

余談だが、僕がエピックゲームズをやめたあとも、「次のフォートナイトのアップデートはどうなりますか？」というようなフォートナイトに関する質問が、SNSのDMを通じて僕のもとに送られてくる。

ユーザーからすれば、僕をまだフォートナイトのコミュニティの顔として認識しているのだろう。そんなユーザーからの〝ガス〟を認識しながらも、仕事をやめた僕はなにもすることはできない。ただ、このような状況は、ユーザーもコミュニティマネージャーの存在を求めていることの証拠だろう。

③インフルエンサーとの付き合い方

ひとつのゲームがメガヒットすると、やがて大きなコミュニティが形成され、そのなかから影響力を持つ個人インフルエンサーが現れる。こうしたインフルエンサーが次々に生まれ、彼らの影響力を通じて、そのゲームの人気がさらに拡がっていく現象が起こりはじめる。

そのため、どのゲームにおいてもKOL（キー・オピニオン・リーダー）との関係構築が重要になる。KOLとは、特定の専門分野でユーザーの行動に影響を与える人のことである。

ここでいうＫＯＬは、ゲーム系のインフルエンサーやクリエイター、プロゲーマーなどのことを指し、その年齢層は比較的若い。たとえば、フォートナイトにもインフルエンサーが存在し、なかにはYouTubeチャンネル登録者数が１００万人を超える人もいた。

ゲーム会社の人間は、こうしたＫＯＬと積極的に関わりたいと考えている。その理由のひとつが、ＫＯＬを通してより多くのユーザーにリーチできると考えていることだ。

たとえば、あたらしいイベントを開催してユーザーを集める際に、ＫＯＬの力を借りることができる。ＫＯＬがイベントの情報や魅力を発信することで、他のユーザーの興味を引きつけ、結果として参加者を増やすことができる。

また、ＫＯＬと連携し、彼らの知見をもとに新たな施策を展開することで、ユーザーの行動に大きな影響を与えることもできる。
ＫＯＬはユーザーの代表だ。彼らからゲームの魅力や楽しみ方に関するアドバイスをもらうことで、施策の精度が高まり、その効果が他のユーザーにも拡がり、コミュニティ全体の熱量を高めることができる。

とはいえ、ゲーム会社がＫＯＬと直接的な関係を構築することにはリスクもある。場合によっては大きなトラブルになってしまうことがあるからだ。

たとえば、ＫＯＬと飲みの席で話した内容が、意図せず漏《も》れるケースがある。ＫＯＬに対して、表には出せない業界の裏話をオフレコで話したつもりでも、帰り際の電車で彼らに「いま聞いた話」としてインターネット上に書き込まれてしまうこともありうる。

彼らの多くは若いので、ビジネスマナーをしっかり理解していない人もいる。また、彼らのネット上での強い影響力は諸刃の剣だ。だからこそ、その関係には適度な距離感を保つことが必要になってくる。

僕はフォートナイトの黎明期《れいめいき》からエピックゲームズ内部のコミュニティマネージャーとして、多くのKOLと関わってきた。しかしフォートナイトの規模が大きくなるにつれ、KOLとの関係にともなうリスクが増加し、内部の立場でそこに関わることに限界を感じるようになった。

たとえば、彼らの配信する動画に気軽に出たくても、距離を保たないといけない状況も生まれていた。

その経験を踏まえて、僕は外部のコミュニティマネージャーの必要性も感じている。であれば、リスクを避けつつKOLとの関係を構築できるかもしれない。

これはある意味でYouTubeとユーチューバーの関係に近いものがある。たとえば、個人と人気ユーチューバーがYouTubeと直接話すことは少ない。YouTubeにとって、個人と関係を築くのはリスクをともなうからだ。

そこでUUUM（ウーム）などに代表される事務所が、ユーチューバーとYouTubeの間に立つことで、YouTube の外部組織のような役割を担っている。YouTube 側もMCN（マルチ・チャンネル・ネットワーク）という仕組みを管理会社へ提供し、UUUM のような事務所がユーチューバーを管理しやすい環境を提供している。これにより、YouTube 本社とユーチューバーが直接関わる必要を減らし、スムーズな運営が可能となっている。

このようにゲームメーカー以外の企業なども、KOLと付き合うために外部のコミュニティマネージャーを取り入れはじめている。今後はそういうスキームもひとつの選択肢となりうるかもしれない。

メタバースの課題と未来

オンゴーイング型のビジネスを行うためにはコミュニティが必要不可欠であり、その説明や問題点を、フォートナイトを例に紹介してきた。コミュニティが形成されることで人とのつながりを作り出せる一方で、人間関係のトラブルも避けられない。

最後に、もう少しだけメタバースのコミュニティの課題に触れつつ、僕が考えるメタバースの未来予測を記しておきたい。

①リスクは現実世界と同じ

現実世界とメタバース。異なる部分はあれど、その本質は「人と人の心が通じ合う空間」という意味で同じだ。

人と人が関わる以上、誰かの発言が相手を楽しませることもあれば、不愉快にさせてしまうこともある。

インターネットの大きな特徴のひとつは、古くは2ちゃんねる、いまではSNSなど、匿名性の高さである。メタバースも匿名性が非常に高い場所であり、ここまではその利点を強調してきた。しかし一方で、攻撃的な発言や嫌がらせがエスカレートしやすい環境も作り出している。

現実世界で友達が少なくメタバース上のコミュニティ内に居場所を見つけたものの、ひょんなことから笑い者にされてしまい、アカウントを削除。そのまま引きこもりになってしまった人もいるだろう。

こういったトラブルが発生しないよう、メタバースのプラットフォーム側としても通報やブロック機能、チャットフィルター（誹謗中傷の言葉を自動的に非表示にする機能）などの対策を講じている。しかし、SNS同様に匿名性を前提としたオープンなコミュニケーションの場である以上、その負の側面を完全に排除するのはむずかしい。

もちろんコミュニティ内にコミュニティマネージャーなどがいる場合は、ユーザーが助けを求めて直接連絡をして来ることもある。だが、いくらコミュニティマネージャーがいたとしても、教師がいる学校でいまだにイジメがなくならないのと同じように、そのすべてを解決することは不可能だ。

課金トラブルも頻繁に報告される問題のひとつである。

メタバース内ではアイテムに対する課金が容易だ。そのため、子どもが知らぬ間に親のクレジットカードを使って高額な支払いをしてしまうケースも少なくない。後から高額な請求を知った親が「子どもがやったことだから」とプラットフォーム側に返還を求めることもあれば、そのまま家庭内でのトラブルに発展することもある。

またメタバース上では、昔でいう「カツアゲ」のような現象も見られる。オンライン上で裕福な家庭の子どもとつながったユーザーが、仲間に入れることを条件にアイテムの贈与を求めるなどして圧力をかけるケースがそれだ。

本来は友情を深めるために導入されたギフト機能が悪用される場合もあるのだ。こうした問題を防ぐために、ペアレンタルコントロール機能（子どもがインターネットやスマホなどを利用する際に、保護者が制限を設定できる機能）が存在しているのだが、肝心《かんじん》の親がその仕組みを十分に理解していないことも非常に多い。

また、個人情報の漏洩《ろうえい》リスクも無視できない。メタバースでは現実世界よりも気軽に情報を公開してしまいがちで、学校名や会社名、年齢に居住地域などが不特定多数に漏《も》れてしまう危険がある。

リテラシーが低いと、知らず知らずのうちに個人情報を漏らしてしまうのである。問題を回避するためには、インターネット上での個人情報の扱いに関する教育が必要になるのだが、子どもだけでなく大人でも理解できていない人がいる現状では、やはり対策には限界があると言わざるをえない。

もちろん、これらのトラブルは無いに越したことはないが、適切にリスク管理できれば、メタバースでの経験はある意味でリテラシー向上の機会にもなりえる。

現実社会では、匿名性は低いにせよ、これらの問題がより複雑なかたちで存在しており、メタバースでの経験で習得した判断力やリテラシーが実生活でも役立つかもしれない。

②ワンワールド化における弊害

メタバースは「ワンワールド」の空間である。ワンワールドとは、メタバースがひとつの仮想空間として、現実世界の地理的な国境に関係なく、世界中のユーザーが集まる場であることを意味する。

この空間では、現実の国境や文化的な違いが希薄になり、世界各地の人々が同じ空間にアクセスし、共有する体験を楽しむことができる。

しかし、このワンワールドという特性があるがゆえに、メタバース内でのコンテンツや表現に関しては、各国の文化や法律の違いによる価値観や倫理基準の差異が問題となることもある。

たとえば、日本のマンガでは、刀や銃を使った暴力的なシーンや、露出度の高い衣装での性的な表現が比較的自由に描かれている。

しかし、アメリカではこれらの表現には年齢に応じたレーティングが設けられており、コンテンツごとに対象年齢が指定されている。

また、南米や中東、中国などの地域でも規制基準は異なり、特に宗教的・文化的な価値観が判断に影響を及ぼす。

実際、メタバース内には、ユーザーが作成したコンテンツのなかに暴力的な描写や性的表現を含むものも存在する。不適切なコンテンツに若年層が接触するリスクを防ぐには、運営側による厳密なモデレーションが必要だ。

しかし、コンテンツの数は膨大であり、現状の技術やリソースでは完全な管理はむずかしい。将来的にはYouTubeのようにAIがコンテンツ精査を担うことが期待されるものの、現状ではまだ十分に対応できていない。国際的な基準の策定には、まだまだ時間を要するだろう。

③メタバースの未来図

最後に、僕なりのメタバースの未来予測を述べたいと思う。

まず、短期的な未来を考えてみたい。僕の仮説では、多くの人がメタバース内で自分の理想の世界（ゲーム）を構築できるようになると考えている。

本書をここまで読んでくださった方ならもうおわかりかと思うが、この「誰もが簡単にゲームが作れる世界」は数年以内には到来するだろう。

それはゲーム業界に流れている「メタトレンド」を見聞きしているかぎり間違いないだろうし、どこかのタイミングでブレイクスルーが起こるはずだ。

具体的には、生成ＡＩだ。

いま生成ＡＩブームの恩恵により、ゲーム開発はかなり楽になりつつある。たとえば、すでに３Ｄゲーム制作現場においては、ChatGPTをはじめとする生成ＡＩがアシスタントとして活躍している。

その実力は凄《すさ》まじく、このまま進化していけば、簡単なプロンプトだけで３Ｄゲームが制作できる未来もそう遠くないだろう。たとえば、ユーザーがＡＩに「江戸時代の木造様式の建物内で、タヌキとキツネのモンスター同士が戦うゲームを作りたい」と、ざっくりした指示をするだけで、それなりのゲームマップを作ることが可能になる。

ゲームのシナリオについても、「タヌキが押し入れにタイムマシーンを見つけて未来に行く話」を要求すれば、生成ＡＩが自動でシナリオを構築し、ゲームマップ内に組み込むようになる。ゲームの動作モーションについても、生成ＡＩに指示すれば、自動で動作モーションを生成してくれる未来が到来するはずだ。

しかも、ゲーム内のコンピューターのキャラクターは、ＡＩによって人間と見分けがつかなくなるほど精巧に表現されるようになり、リアルタイム翻訳で世界中の人たちとコミュニケーションを取ることが可能になる。

そんな未来が待ち構えているような気がしているのだ。

もちろん課題はある。たとえば、ユーザーがメタバースの３Ｄ空間でゲームを作るには高度なゲームエンジンを使う必要があり、そのゲームエンジンを快適に動かすには、高性能なパソコンを用意しなければならない。スマートフォンのみでメタバース上に高度なゲームを作り出すのはむずかしい。

これを解決するには、技術の発展により３Ｄ空間へのアクセスがパソコンからスマートフォンに移行したように、ゲームの制作もスマートフォン上から簡単にできるようにならなければならない。

だが、この問題点もクラウドコンピューティングや分散処理技術が進めば、ある程度は解決するのではないかと考えている。

次に、中長期的な未来を考えてみたい。僕は、VR（仮想現実）やNFT（Non-Fungible Token：非代替性トークン）といった、いまはまだバズワード的に使われている技術も、やがてメタバースに統合されていくだろうと考えている。

たとえば、ブロックチェーン技術を基盤としたNFTのような仕組みが進化することにより、あらゆる経済活動がメタバース経済圏内で完結。さらには、ユーザーが自身の活動を通じて収益を得ることが可能になる。言ってみれば、いまのSNSを通じてお金を稼ぐ感覚に近いことが、メタバースでも実現すると予想している。

デジタルマネーについては政治の世界がからむところなのでまだ不透明な部分もあるが、NFTのような仕組みが本格的にメタバースで利用され、バーチャルアイテムに所有権を付与するような方向性に進化していく可能性もある。

そして、そこにＶＲやＸＲ（クロスリアリティ）技術も統合される。もちろん、現在のＶＲやＸＲゴーグルにもいくつか課題がある。重量があり発熱をすることに加え、コア技術である眼球運動に連動するトラッキング技術も不十分だ。

しかし、技術のブレイクスルーは必ず起こる。そのうち、サングラスレベルのサイズ、かつ精度の高い視線のトラッキング技術を備えたＸＲゴーグルが実現すれば、視界という意味では現実世界のイベントとメタバース内のイベントは大差がなくなる。

たとえば、ＸＲゴーグルをかけるだけでテーブル上がボードゲームに変わり、ただの公園がコンサート会場やアミューズメントパークなどに様変わりする。

そこに触覚を得られる機器や、ゲーム内の動きと連動して移動をリアルに感じることができる機器が登場すれば、もしかしたらポケモンのようなモンスターを連れて歩くことができるかもしれない。つまり、それらの機器を使えば誰もが、家にいながらあたらしい世界を、文字どおり〝体験〟できるようになる。

このような未来が来れば、メタバース空間はユーザーの手によって、どんどん更新され続けていく。そして、多種多様なコミュニティが次々に誕生し、そのコミュニティのなかで企業や個人がビジネスで競い合い、集客力を持つ者が影響力を増していくようになる。

この構図は、まさに現実世界の経済活動と同様であり、メタバースが私たちの社会そのものになっていくことを意味する。このような話をすると、映画「マトリックス」を思い浮かべる人もいるだろう。

だが、マトリックスとメタバースは違う。前者はＡＩが作り出した仮想現実のなかで人間が生活していたが、後者はあくまで人間が主導し、創造し、誰にも支配されずにあたらしい人生を謳歌できる世界となるはずである。

これがメタバース業界全体を俯瞰《ふかん》していた視点から見た、僕なりのメタバースの未来図だ。考えただけで、ワクワクが止まらないでしょう？

おわりに

約10年間、僕はエピックゲームズ（Epic Games）という会社に所属し、ゲームエンジンのひとつである「アンリアルエンジン（Unreal Engine）」の技術の魅力を伝えるエバンジェリストとして日本で活動してきた。

このアンリアルエンジンのアンリアル（Unreal）は、「非現実的な」という意味合いを持つ単語だ。アンリアルエンジンという名称は、このアンリアルに、「処理をして出力する」という意味のエンジンをつけたもので、「現実のように見えるが、現実ではない世界を作り出す」というコンセプトに基づいて作られた造語である。

その名称を考えた人物こそ、エピックゲームズの創設者兼ＣＥＯのティム・スウィーニー氏だ。このゲームエンジン、そもそもは１９９８年にエピックゲームズから発売されたシューティングゲーム「アンリアル（Unreal）」の開発に使用された技術から発展したものである。

僕はいままで、スウィーニー氏が名付けた「アンリアル」という名称に違和感をおぼえていた。アンリアルエンジンが作り出す映像は現実と区別がつかないので、アンリアルエンジンの〝アン〟を取り除き、リアルエンジンと言えばいいのではないか？　と感じていたからだ。

しかし、エピックゲームズをやめたいま、「アンリアルエンジン」という名称の意味がようやくわかった気がしている。

アンリアルエンジンというのは〝もうひとつの現実〟を作るための道具であり、〝現実の世界〟、つまりリアルの延長を作るための道具ではないのだ。

アンリアルエンジンが作り出した3D空間は、実写と見間違えるほどリアルだ。その3D空間を映し出した映像を見て、リアルの世界と区別がつかない人も大勢いる。だが、そこで見ているのはリアルな世界ではなく、あくまでアンリアルエンジンによって作り出された３Ｄ空間にすぎない。

アンリアルエンジンが作り出す世界は、それだけにとどまらない。その世界に人々が入り込んで活動をし、コミュニティを形成することができる。そこには、現実のコミュニティと異なった別のコミュニティ、つまり、もうひとつの世界が生まれるのだ。

その時点で、ようやくこの「アンリアルエンジン」という単語が活きてくることになる。

本書で説明してきたとおり、実際にフォートナイト内には人間同士のあたらしい活動やコミュニティが生まれている。スウィーニー氏はこれを目指していたのではないか。だからこそ、アンリアルエンジンを「リアルエンジン」と名付けなかったのだと思う。

現実世界とまるっきり同じ世界を仮想空間上に再現することに意味はない。同じ世界を作るのであれば、現実で十分だからだ。

そうではなく、ゲームの延長線上に自然にできあがったもうひとつの現実。そこで人は現実で実現できないような活動を行い、楽しみたいと考える。だからこそ、多くの人がメタバース空間に魅了され没入する。

詰まるところ、メタバースとは現実世界とは違った「もうひとつの世界」、楽園である。


僕は夢物語を話しているわけではないし、その真意は本書を読んでくれた人はすでにわかってくれていると思う。

だからこそバズワード的に使われるメタバースという言葉に惑わされることなく、その本質を理解し、僕と一緒に「もうひとつの世界」へ踏み出してほしいと思う。

今井翔太

ブックデザイン	山之口正和＋永井里実＋高橋さくら（OKIKATA）
組版	キャップス
校正	鷗来堂
構成	渡辺大樹（ミドルマン）
編集	崔鎬吉

今井翔太　いまい・しょうた

株式会社UP HASH代表取締役

1985年生まれ。東京都出身。3Dイノベーションストラテジスト。メタバースコンサルタント。3Dデータの処理、レンダリング技術に精通し、テクノロジー業界で幅広い経験を持つエキスパート。中国のテック企業XGRIDSのエヴァンジェリストとしても活躍中。ニューヨークの美術大学であるSchool of Visual ArtsのCG学科を卒業後、アメリカと日本でCGIのテクニカルアーティストとして活動。その後、2014年、Epic Games Japan（エピックゲームズ・ジャパン）に入社し、Unreal Engine（アンリアルエンジン）のエヴァンジェリストとして活動。さらにゲーム「Fortnite（フォートナイト）」のコミュニティマーケティングも担当。ゲーム系インフルエンサーたちからの信頼が厚く「エピック今井」の名で親しまれた。
2023年にEpic Games Japanを退社。現在、UP HASH代表取締役。同社にて、AIやディープラーニングを3D空間のレンダリングやリアルタイム生成に応用する、ニューラルレンダリング・インバースレンダリングをスペイシャルコンピューティング時代に向けて開発している。

メタバースは死《し》んだのか？
元《もと》エピック今《いま》井《い》が明《あ》かす「稼《かせ》ぎ方《かた》」と「現《げん》在《ざい》地《ち》」

第1刷　2024年11月30日

著　　者　今井翔太
発 行 者　小宮英行
発 行 所　株式会社徳間書店
〒141-8202
東京都品川区上大崎3-1-1
目黒セントラルスクエア
電話　編集／03 - 5403 - 4344　販売／049 - 293 - 5521
振替　00140 - 0 - 44392
印刷・製本　三晃印刷株式会社

ISBN978-4-19-865889-2